JN095483

重度自閉症児と共に生きる
精神障害者のライフストーリー

──自伝に基づく協働のナラティブ──

井上孝代・永濱檸檬 著

風間書房

まえがき

「井上先生に読んでほしくて……」

　本著作成のきっかけは、昨秋、少し恥ずかしそうにこう言いながら共著者の永濱檸檬さんが原稿「統合失調症である私のライフストーリー　〜重度自閉症の子と共に〜」を持参したことにあります。

　その原稿は、いわば檸檬さんの「自伝」、すなわち自分自身の目から見た自分の生涯・人生を記述したものでした。それは、「統合失調症」の病名をもつ精神障害者であるということと、重度自閉症児の母親という二重の「困難」を抱えた人生を過ごしてきた檸檬さんの内実を詳述したものでした。

　檸檬さんとはクライエントとカウンセラーとして20年以上の関係を結んできましたが、このように原稿を持参することは初めてのことで、とても驚きました。聞けば、檸檬さんは45歳となり、それはいわば人生の半分だと気づき、「これまでの人生を振り返りたい」という思いで一気に書き上げたのだとのことです。原稿は2つのパートに分かれていました。第1部は檸檬さんが「統合失調症」の発症前後の体験、第2部は結婚後、第2子が重度自閉症ということが判明する前後の生活が述べられていました。

　この当事者が著わした貴重な自伝を活かすことはできないだろうかと考えました。原田・能智（2012）において、障がい者のきょうだいと第一著者が複数回の語り合いによる語りの共同構築をもとに、障がいを抱える兄弟姉妹の過去の生き方と将来の生き方を特徴づける面が考察されました。今回、檸檬さんとも話し合いを重ね、当事者とカウンセラーが対話しながら人生を振り返ることで、檸檬さんの「生きる意味」を共同創造できるかもしれないと考えるに至りました。「共同創造」（Co-production：コ・プロダクション）とは、

保健医療領域では、患者・利用者と医療者・支援者が対等な立場で力を分かち合いながら、より良いサービスを作っていくことを言います（宮本, 2021）。

　その共同活動によって、第1部と第2部のもともとの原稿には触れられてはいなかった檸檬さんの「今後の新たな生き方への意思」（生きる意味）が創造されたのは望外の2人の喜びでした。その部分を第3部としました。本著を出版したいという願いは、檸檬さんが45歳の人生の折り返し地点で、それまでの「重度自閉症児を育てる精神障害者としての苦しい日々」から、「新たな生きる意味」を構築した経緯を記録に残し、同じような苦しみを懐く当事者やご家族にも読んでいただければと2人で考えたものです。

　本著では檸檬さんの精神障害者としての人生の語りをカウンセラー（第一著者）との対話という形式で著わすことにしました。この形式は、「語り手」と「聴き手」の紐帯の20年間に及ぶ時間的経過に基づくものであり、通常のインタビューの形式とは異なり、あくまで協働のナラティブであることを理解していただければと願います。

　本著は特徴的な構成となっています。

　プロローグ（序章）、第1部「精神障害者の病いの語り」、第2部「自閉症の子と共に」、第3部「協働のナラティブ：「人生の意味」の共同創造」、エピローグ（終章）の構成です。あえて、序章の部分を「プロローグ」と表したのは、プロローグが物語や劇の冒頭部分で、本編に入る前の導入部分を指す言葉だからです。プロローグは、登場人物や背景設定を紹介し、物語の雰囲気を醸成する役割を果たすものとの理解です。同じく終章の部分では「エピローグ」として、檸檬さんの人生の語りを振り返り、今後を展望します。

　「プロローグ」と「エピローグ」を挟んでの檸檬さんとの協働のナラティブは3部の構成となっています。

　第1部は檸檬さんが統合失調症を発症する以前の生活、そして発症の兆候

を感知しながらも、病名を自己に課すことへの反発ともいえる葛藤の心理、様々な統合失調症ならではの認知的・感情的な揺さぶりに懊悩しながら、やがて「統合失調症」という病名を受け入れていく過程がつぶさに語られています。

　第2部は、自己の病いを受け入れ、穏やかな家庭生活を営んでいこうとした矢先に、第2子（男児）元彌さんに重度自閉症という兆候が発現した経緯が述べられています。健常児として誕生したにも関わらず、やっといくつかの単語をしゃべりだした時期に突然の発熱後、元彌さんは一切の言葉を失ってしまったという試練の重なりともいえる状況でした。しばし自身の症状はかなり落ち着いた状態で、新たな「困難」がまさにふって湧いた緊急課題に檸檬さんがどう向き合ってきたか、母親の視点での獅子奮迅の奮闘が語られています。

　第3部は、檸檬さんが協働のナラティブの最終段階として新しい「生きる意味」を創造していったことを示しています。

　これらの過程を、「重度自閉症児を育てる精神障害者の母親のライフストーリー」として、お読みいただければと願うものです。プロローグとエピローグは第一著者の井上が記述しましたが、本著を一つの「ナラティブ（物語）」として感じていただきたいので、全体を「です、ます」調に統一させていただいたことも付記致します。

　なお、檸檬さん、およびご家族の氏名などはすべて仮名です。

　精神疾患や発達障害については、何度か病名が変更されましたが、「スティグマ」という誤った認識に基づく差別や偏見はなかなかなくならないというのが実態です。スティグマの解消のためには、本来ならば実名で著わすべきかもしれませんが、今後受けるかもしれない差別や偏見から護るため、すべて仮名とさせていただきました。

　「檸檬」さんという仮名は、高村光太郎の詩集『智恵子抄』の「レモン哀

歌」に因むとのことです。高村光太郎は、統合失調症の妻・智恵子さんが肺結核で息を引き取る間際を「レモン哀歌」に謳いました。檸檬さんは、その詩を読むたびにこころが救われる気持ちがしたことから、今回のペンネームを檸檬としたとのことです。

　ここで、ご本人の了解を得て、檸檬さんご自身とご家族について紹介します。檸檬さんは、東京都在住の専業主婦で、2児の母親です。私立幼稚園から公立小学校へ進み、キリスト教主義の中高一貫校に進んだ後、私立大学へ進み、卒業しました。ご夫君の和寿さんは、40代会社員。正義感が強く、決めたことを最後までやり遂げる強さを持つ男性です。長女の絵梨さんは、公立小学校の高学年生。優しくて、細かなところによく気がつく、物静かで慎重な性格の女児です。長男の元彌さんは、公立特別支援学校小学部の低学年です。甘えん坊で、少し怖がりなところもありますが、本当はダイナミックな遊びが好きで元気な男児です。檸檬さんの父は、寡黙で真面目、とても優しい人、母はきめ細かな心遣いをする人だと聞いています。

　檸檬さんにとって、家族は心の支えでもあり、癒しでもあるようです。檸檬さんは生きづらさをずっと抱えていましたが、いつも家族に見守られてきたと感じています。統合失調症の症状が落ち着いてきたので、これからは今まで心配や迷惑をかけてしまった分、それ以上に、親孝行や恩返しをしていきたいと、今の檸檬さんは強く望んでいます。

　それでは、檸檬さんとの「協働のナラティブ（物語）」のスタートです。

井上　孝代

目　　次

プロローグ（序章）

　プロローグとしての序章では、第一著者の井上が精神障害者支援、国費留学生支援、勤労者の支援などの臨床経験を通して、「マクロ・カウンセリング理論」を提唱するに至った経緯を概説します。次にそれらの実践が、ある「境界」の渦中にある、または越えた存在としての「越境者」の支援としての意義があるのではないか、との気づきを得たことが本著の精神障害者の当事者である檸檬さんとの協働のナラティブにつながった趣旨を述べます。それは檸檬さんの新たな「生きる意味」の共同創造をもたらしました。

臨床経験から気づいた包括的な心理社会的支援の重要性
〜「マクロ・カウンセリング」の考え方〜

　井上は、大学院生の頃から精神障害者、知的障害者、発達障害者などの心理支援に関わってきました。1991年より1998年までは東京外国語大学留学生日本語教育センターに国費留学生のカウンセラーとして奉職しました。全寮制で、学びと生活の場が廊下でつながる建物の一角にある面接室でのカウンセリング活動は、それまでの日本人を対象とする臨床経験と大きく異なり、毎日が驚きの連続でした（井上, 2001）。

　東南アジア、東欧、オセアニア、南米、アフリカなど世界各国から選ばれた優秀な学生が大学進学前の1年間の予備教育を受けるなかで、出身国文化と日本文化との異文化間コンフリクトのみならず寮生間の様々な異文化間衝突の問題が発生しました。

　そこで体験したもっとも大きな気づきは、「自己実現」という場合の「自己」のとらえ方についてでした。それまで私は、その人自身（円の中心の"自

己”）の精神的健康や自己実現を支援していくことこそが肝要だと信じていました。でも、自分の食事代を削ってまで母国の兄弟の学費を必死で送金しようとするアジア系留学生の支援をしたりする時、彼らの“自己”はまるで楕円の中心が2個あるように“家族も含めた自己”であることに気づかされました。自分が西欧型の心理学理論でのみ「自己」を捉えていたこと、そして世界観としての文化的な視点の重要性に瞠目しました。

たとえば、アセスメントとして用いたバウムテストでは、東南アジア出身学生は椰子の木を描くことも多く、評価基準が一般的なものと比較できないことも体験しました。スピリチュアルな反応も多いロールシャッハテスト、文化差のため知識問題で得点が大きく下回ることもある知能テストなど、判定の基準に文化的要因が考慮されていないことを実感しました。こうした多文化カウンセラーとしての活動がそれまでの自分の自文化中心主義への猛省とその後の心理臨床の取り組みの姿勢に決定的な影響を与えました。

はじめての多文化カウンセリングのケースは、2民族の血を受け継ぐオセアニア出身の留学生でした。彼は青年期のアイデンティティの確立を巡って、一方の父方の先住民の血を蔑視し、その血を身体から抹消するには自殺するしか方法がない、と必死な面持ちで訴えました。視力は5だと主張していたアフリカからの留学生は日本の空気は透明でないとしきりに目の充血と視力低下を訴えました。トイレやシャワーの使い方なども出身国によって千差万別で、規則やルールの考え方すらも異なっていました。時間の観念が厳格な国の学生と緩やかな国の学生は寮内でことごとく対立し、時に互いの国の誇りを傷つけられたと民族紛争の様相をなしました。1日に何度かの祈りを捧げる学生をめぐる宗教的対立や近隣コミュニティから苦情が絶えない騒音問題・ゴミ問題も多く生じました。まさに心理的葛藤から紛争・対立までのコンフリクトの解決に奔走する日々でした。

このような様々な異文化間コンフリクトの事例を通して、また、当時は地域の男女共同参画審議委員として、あるいは家庭裁判所調停委員として、い

ろいろな立場の方々の地域での問題への関わりがありました。メンタルヘルス問題への対処がそれまでの臨床心理学モデルの対応だけでは十分ではなく、より発達的、文化的、コミュニティ・アプローチでの包括的な対処が必須であると強く考えるに至りました。それは、自分の中では"多文化カウンセリングとコミュニティの遭遇"といったインパクトある気づき、すなわちマイクロ・レベルからマクロ・レベルまでも網羅する「包括的支援の重要性」への気づきでした。この気づきを踏まえて、発達的・文化的・コミュニティ的アプローチを3つの源泉とするマクロ・カウンセリングの考え方を「マクロ・カウンセリング理論」（井上，2004）としてまとめました。

　これらの発達的・文化的・コミュニティ的アプローチという3つの源泉は、実はそれまでの臨床活動からもたらされたものです。研究者としての出発は発達心理学分野でした。ピアジェの認知発達の段階のうち「前操作期」の自己中心性について実験研究をしたり、ダウン症児の発達過程の縦断的研究をおこないました。それらの発達心理学研究を通して、発達の段階がどこからどこまでなのか、ダウン症児の発達と健常児の発達との相違など、いわゆる「境界」を見極めることの難しさを痛感しました。

　その後、1980年代ではノーマライゼイションの掛け声のもと、それまでの施設福祉から地域福祉へのパラダイムシフトがあり、精神障害者の社会復帰事業（デイケア）・知的障害者（成人）自助グループなどで活動しました。医師・保健師などの専門家や家族会と連携しながら障害者といわれる方たちの支援を行うなかで、正常な発達と障害について、その支援のあり方とコミュニティ・アプローチの重要性を強烈に実感しました。同時に、健常と障がいの「境界」とは何なのかと深く考えさせられました。

　国費留学生のカウンセラーとして活動するようになってからは、ミネソタ大学でのcross-cultural counseling workshopやアメリカ心理学会（APA）のカウンセリング心理学部会やコミュニティ心理学部会などへ参加しました。

そこではカウンセリング・心理療法における cultural perspective の重要性や cultural counseling competence の発達について学びました。また RESPECTFUL カウンセリング（D'Andrea, M., & Daniels, J., 2001）では心理療法における、「R」宗教的・霊的同一性、「E」経済的クラスの背景、「S」性同一性、「P」心理的成熟、「E」民族的・人種的同一性、「C」年齢発達課題、「T」心身の健康を阻害するトラウマや恐怖、「F」家族的背景と家族歴、「U」独特の身体的特徴、「L」居住地と言語の違い、といったさまざまなマイノリティの文化差を respectful（尊重）するべきであるという考えに大きな刺激を受けました。

　これらの文化差を尊重するという姿勢からも、それまで懐いてきた「境界」とは何かという問題意識を再認識するとともに、国境のみならず様々な「境界」を越える存在としての「越境者」の支援についても、より深く考えるようになりました。

精神障害の当事者が抱える「境界」とその支援

　第二著者である檸檬さんは精神障害（「統合失調症」）の当事者です。ただ、檸檬さん自身が当事者であることを自認するまでには長い葛藤の期間がありました。何かが変だ、今までの自分とは違うとの違和感は実感しつつも、専門書を読み心理学を学ぶことで元の状態に治すことができるのではないか、など正常な意識と異常な意識の「境界」を行ったり来たりの日々を送りました。檸檬さんが自分の診断名を納得し、ある意味「越境者」としての自己を受容するようになるまで、長い時間を要しました。

　『精神科診断に代わるアプローチPTMF』（ボイル, M.&ジョンソン, L., 2020/2023）においても、「精神の正常と異常の境界を決めるのは難しく、実際にその境界は曖昧で多様である」と、精神科の診断の根拠の不確かさや相対性の必要性が論じられています。中井（1998）は著作の中で統合失調症の

患者を「ふるえるような、いたいたしいほどのやわらかさ」と表現しています。

　「統合失調症」は、思考や行動、感情が、まとまりにくい状態が続く精神疾患です。思春期から40歳くらいまでに発病しやすく、原因や発病メカニズムが不明の病気です。世界的に見て、どの国のどの文化でも一定の割合で現れ、男女間でも、有病率にさほど違いはありません。人口の約１％、およそ100人に１人の有病率といわれています。明らかな発症は、急激な場合もあれば、緩やかに潜行しての場合もあります。症状には、陽性症状、陰性症状、その他の症状があります。いろいろな精神機能の障害が見られますが、すべての人にすべての症状が出るというわけではありません。幻覚や妄想を発症する頻度が高く、仕事、対人関係、自己管理などの面で、ひとつ以上の機能が著しく低下することがありますが、薬物療法やリハビリテーションなどの治療に効果が見られます。

　身近なところに統合失調症の人がいたり、当事者であったりしないと、この病気についての詳しいことは、分かりにくいものです。よくわからないものに対して、人は危険という意識を持ちやすい傾向があります。桜井（2005）は、滋賀県内の被差別部落の生活史を「被差別の境界文化」（生活と差別のはざま）でのストーリーとしてとらえ、『境界文化のライフストーリー』として著わしました。統合失調症への偏見を解消していくためには、本著のように統合失調症についての理解を深める取り組みが大切だと考えます。

　統合失調症の症状は、人によって異なるように見えますが、根本的には共通点があります。病気自体に、その人の本来の性格や考え方などが、さまざまに絡まるために、この病気が理解しづらく、複雑に感じられます。病気そのものについてと、その人自身についてと、両面からアプローチをすることで、統合失調症の人への理解がより深まるでしょう。

　一方、檸檬さんは自閉症児を育児中ですが、「自閉症」についても、なかなか分かりづらいものがあります。松永（2023）は、勇太（仮名）さんという自閉症児と母との17年に及ぶ人生の足跡を著わすにあたり、「私たちの日常を縛る"普通"という価値基準の意味を問い直したい」と言います。

　「自閉症」とは、コミュニケーションが苦手、興味や行動に強いこだわり、相互的な対人関係の障害などを特徴とする「発達障害」です。発達障害とは、生まれつき脳の一部の機能の発達に障害があることの総称（「自閉スペクトラム症（ASD）」アメリカ精神医学会の診断基準DSM-5）です。発達障害を引き起こす要因やメカニズムなどは、まだ解明されていません。厚生労働省（2016）によると、自閉スペクトラム症は多くの遺伝的な要因が複雑に関与して起こる生まれつきの脳機能障害で、人口の1％に及んでいるとも言われています。現代の医学では自閉スペクトラム症の根本的な原因を治療することはまだ不可能です。彼らは独特の仕方で物事を学んでいくので、個々の発達ペースに沿った療育・教育的な対応が必要となります

　統合失調症も自閉症もまだまだ解明できていない点も多く、「境界」があいまいといえます。そこに「越境研究」の意義があると考えます。

　中西・江夏（2020）は『越境研究の現状と展望』において、「境界は国・会社・部門・職種・コミュニティなどの間、至る所にある。越境を越えた自由な往来は重要である。しかし越境研究は、境界を単なる障壁として見ていくだけではない。むしろ境界の持つ固有の機能に着目する。境界があるからこそ、異なるものが混じりあったときのダイナミズムが生まれる」と述べています。鈴木（2023a, 2023b）は、「越境」について、「生活環境の激変を伴う越境移動者、とりわけ望まない越境者へのメンタルヘルスケアは多文化間精神医学の臨床活動において普遍的なテーマということができる」と、特に新型コロナウイルス感染症（COVID-19）後の「越境研究」の今日的な重要性を指摘しています。また、南野（2022）も『女性移住者の生活困難と多文化

ソーシャルワーク』において、母国と日本を往還するライフストーリーをたどり、それぞれの文化から排除されるという「境界」の生活の困難さと支援の大切さを説いています。

　発達的・文化的・コミュニティ的アプローチという3つの源泉をもつマクロ・カウンセリング理論においては、様々な「境界」にいる人、あるいは越えた「越境者」への適切な支援のために14の活動を提唱しています。すなわち、①個別カウンセリング、②心理療法（サイコセラピー）、③関係促進（ファシリテーション）、④専門家組織化（リエゾン／ネットワーキング）、⑤集団活動（グループワーク）、⑥仲介・媒介（インターメディエーション）、⑦福祉援助（ケースワーク）、⑧情報提供・助言（アドバイス）、⑨専門家援助（コンサルテーション）、⑩代弁・権利擁護（アドボカシー）、⑪社会変革（ソーシャル・アクション）、⑫危機介入（クライシス・インターベンション）、⑬調整（コーディネーション）、⑭心理教育（サイコエディケーション）の14の活動です。

　檸檬さんとの今回の協働のナラティブにおいては、これらの活動の多くが関連すると思いますが、特に「アドボカシー」（井上，2013）の活動を意識しました。対話によって、檸檬さんが自伝で伝えたかったことがより明確に伝わるようにアドボケイトの役割を担ったのです。

自伝に基づく協働のナラティブの意義

　檸檬さんは、井上とのカウンセリングを通して、「生きる」ことが人生の課題になったと言います。生きることは何か特別なことをしなくても、呼吸できていれば生きていける、その日に暮らせる収入があれば生きていける、健康な人なら生きることは無意識にできている普通のことでも、統合失調症の檸檬さんにとって、「生きる」は、「生きようと思って生きること」なのだといいます。生きることを積極的にしないと、自分の存在が危うく感じられ

てしまうともいいます。檸檬さんは、いつも「本当の自分」を模索してきました。自分を知り、自分らしくあることが、大切だと考えているからです。そのために、井上のカウンセリングを、現在でも定期的に受けていると話します。

カウンセリングという対話の形式は、檸檬さんにとても合っていると感じたのだそうです。一人で考える、一人で書くという自分との向き合い方からは、新たな視点からの見方が生まれず、堂々巡りになってしまったり、誤った考えが強化されてしまう傾向にあります。ただ、単に「会話」を続けるというだけでは継続しません。本音を語りたいという願いのある自分には、「対話」が理想的な自分との向き合い方だったとのことです。

檸檬さんとのインタビューは、いわゆる一問一答というのではありません。「継時的」という意味が「叙述の順序が事実の進行した時間的な流れに沿ってなされていること」という意味であれば、いわば、今回の協働のナラティブは、「継時的インタビュー」という形式であったといえましょう。

この共同作業的なアプローチは、同時にカウンセラーとクライエントが、クライエントの問題のストーリーを書き換えることに取り組むという「ナラティヴ・セラピー」の意義を有する（マディガン, S., 2010/2015）ともいえます。このアプローチは、モンク他（1997/2008）で紹介されている「ナラティヴ・アプローチ」です。すなわち、クライエントとカウンセラーの言葉のやりとりによって、問題に対する、そして自分自身に対する新しい理解が出現し、その意味づけに基づいた新しい可能性が開かれる道を探るカウンセリング技法なのです。

檸檬さんの自伝を基に、カウンセラーの井上が「問いかける」、それに「答える」という形式で檸檬さんの人生の語りを協働していきました。精神障害者として自閉症児を育児中である檸檬さんのリアルな実態を描くことを意図したものです。この自伝を社会科学的な意義を持つようにするためには、

自己の経験を他者の経験、時代背景と接続し、体験を社会に還元するというエスノグラフィカルな試みが求められると考えます。すなわち、桜井・石川（2015）で指摘されているように、「モノローグからポリフォニー（独声から多声）」への試みが求められましょう。檸檬さんとの対話において最も意図した点です。

　渡邊（2017）は、『病院でつくられる死』（サドナウ，D., 1967/1992）というエスノグラフィーを紹介し、病院内での参与観察に基づく病院スタッフの「語り」を分析データとすることの有効性を示しています。この「語り」について桜井（2002）は、「インタビューの場は、調査対象者と調査者の両方の関心から構築された"対話的混合体"である。そのインタビューの場こそが、ライフストーリーを構築する"文化的営為の場"である」と述べています。本著の自伝に基づく「協働のナラティブ」により、重度自閉症児と共に生きる精神障害者である檸檬さんのライフストーリーの臨床社会的意義を示すことができればと願うものです。

第1部　精神障害者の病いの語り
～リカバリーへの道のり～

　第1部では、檸檬さんが精神障害者としてどのように「病い」に立ち向かい「リカバリー」の状態までに至ったか、その20年以上の道のりをご本人の自伝をもとにカウンセラーから問いかけを行うという協働形式でライフストーリーを辿っていきます。

　リカバリーとは、病気・障害はありつつも、主体性を取り戻して生きていくことです。第1部は5章から構成されていますが、各章を読み進めることで、檸檬さんの統合失調症を発症する以前の病前性格の内省、発病後の様々な自分でも理解しがたい不思議な体験の内実、病名を受け入れるまでの葛藤、医療と家族のサポートを得ながら、徐々に病いをもちつつも主体的に生きる姿勢を示すに至ったか、その当事者ならではの実体験を深く理解できることでしょう。

第1章　病前性格

心象風景

> 檸檬さんの、小さい頃のお話を聞かせてください。

　私は小さい頃から、既に現実とは別の世界にも住んでいると感じていました。そこは、一面の氷の世界で、静寂で、何もなく、ただ私一人だけが存在していました。不思議なことに、その世界が、私にははっきりと見えていたのです。一面の氷の世界が、私を取り囲んでいました。この世界に生きながら、もうひとつの世界の中にも存在しているという不可解な現象でしたが、そのことは誰にも言わずにいました。誰かに話す、という考えが起こりませんでした。自分だけが特別そのような世界が見えているとは思っていなくて、他の人たちも、そのような景色は見えていないにしても、同じような感覚で過ごしているものだと思っていました。つまり、なんの疑問も抱いていなかったのです。

> 「心象風景」とは、心の中に思い描いたり、浮かんだり、刻み込まれている風景のことで、現実にはありえない風景であったりもしますが……。

　幼い頃から離人感があり、つらかったですが、誰にも話せなかったことについては、話そうという発想が浮かばなかったので、話せないことで悩むということはありませんでした。統合失調症になったのは、私の場合、今となっては運命だったようにしか思えません。不安が強かったり、対人関係が

うまく築けなかったり、独特な世界観を持っていたりといった元々の素質が重なって、徐々に顕在化してきたという感じがしています。発症のきっかけになるような、何か特に強いストレスを感じていたということは思い当たりません。でも、無意識的には、何らかのストレスを、この世界に生きる中で継続的に受けていたのかもしれないということは、否定できません。

　幼稚園の卒園文集では、将来なりたいものという質問のところに、私は、幼稚園の先生、と書きました。でも本当は、将来なりたい憧れの職業なんて、将来の夢なんて、何もありませんでした。幼稚園の先生にもなりたくありませんでしたが、こう書けば大人が喜ぶと考えたのでした。幼少期から、まわりの大人たちの期待通りに動きたいという気持ちがありました。けれども、実際には、臨機応変にうまく立ち回ることができる要領の良さは持ち合わせてなく、あの時はああすべきだった、こうすべきだったと、いつも後になってから自分の失敗に気付くのでした。元来持ち合わせた生きづらさの要素が、あったのかもしれません。

謎の声

> 初めて、何かおかしいと感じたのは、いつ頃ですか？

　中学二年の頃です。私は自分の部屋にいて、読書をしていた時のことでした。初めて声が聞こえたのでした。

> 初めて「声」が聞こえたのですね。

　はい、最初は、誰の声だか、わかりませんでした。母の声ではないのはわかりましたが、家にはその時、母と私しかいなかったので、「お母さん？」と小さな声で言いながら、ドアを開けました。ところが、誰もいませんでし

た。母は階下の台所で、料理をしているようでした。なんだろう？　そんな不思議な思いしか、最初はありませんでした。何かが起きても、両親には話さないという習慣が身についていたせいもあったかもしれませんが、なんとなく、このことは話してはいけないことなのだという雰囲気を感じ取りました。声に、誰にも話してはならないよ、という隠された意味が付与されていました。奇妙なことに、自分のことを呼ぶ声を、私は少し嬉しく感じたのは事実です。私には、自分に関心を持ってくれるような友人が、これまでずっといませんでした。きっと寂しさや孤独を感じていたのでした。

　声はその日だけでも何度も聞こえ、その後も何度も聞こえ、そのたびに私はその声に慣れていきました。声は幽霊のように不気味なものでしたが、その声に温かさを感じるまでになりました。

　雨の日や風の強い日には、声はより大きく聞こえました。風雨の音にかき消されないように、一生懸命、私の名前を呼んでいました。本当に、名前をはっきりと発音して呼んでいました。自分の名前以外のことが聞こえることは、まだありませんでした。今振り返ると、その声は、明らかに幻聴でした。私の頭の中でだけ起きていた現象だったのです。その声が神の声だと思うようになったのは、もっとずっと後になってからのことです。

　また、目を閉じた暗闇の中に、何かが見えるような気配があり、恐怖を感じていました。

何が見えていたのでしょう？

　はっきりとはわかりませんでしたが、何やら恐ろしいものが暗闇でうごめいている姿を認識していました。それは、暗闇の中でも一段と暗い色の、輪郭がはっきりしない、大きなひとつの塊のようでした。鬼かもしれないと思うと鬼のようにも見え、幽霊かもしれないと思うと幽霊のようにも見えました。洗顔の時に、目を開けて顔を洗わなければならないほど、日中でも恐怖

を与えてくる強いイメージでした。

初期の離人症

> 初めて離人感があった時のことを覚えていますか?

　中学二年生の頃、皮膚感覚がとても鈍くなりました。冬にTシャツのような薄着でいても、全然寒くないことが、何日間も続きました。感覚を確認するために、自分の皮膚に刺激を与えるようになりました。皮膚が赤くなるまでつねったり叩いたりしました。

　今思えば、寒さや痛みが感じられないような皮膚感覚の鈍さは、離人症の症状でした。私の身体と精神が徐々に離れていきつつあるその現象は、統合失調症の前駆症状に間違いありませんでした。何かがおかしい、自分はどこかおかしいのではないだろうか、という漠然とした印象がありました。

> 自分が病的な状態であることを確信していなくても、薄々と気付いている状態を、「病感」があると言います。

　病感が確かにありました。でも、それについて、誰かに相談するとか、病院を紹介してもらおうと思ったりはしませんでした。「病識」まで辿り着くには、実際私の場合、何年もかかってしまいました。

> 「病識」の欠如は統合失調症の特徴のひとつとされています。発症初期で、見た目に病的だとはわからず、誰も気付けなかったのですね。

　見た目には病的ではなかったのだと思います。もし病識がなくても、病感があると感じた時に、誰かに相談したり、病院を紹介してもらったりすれば、

よかったのですね。服薬治療も、すぐに始めることもできたのですね。統合
失調症は、早い段階で病気に気付いて治療を開始できるほど、予後が良いと
されています。正しい病識を持って正しい治療を受けながら、普通に社会生
活を送っている人もたくさんいることだろうと思います。もし、この時の私
のように、何かがおかしい、自分はどこかおかしいのではないだろうか、と
感じられることがあったら、どうか信頼のおける誰かに相談してみてくださ
いと、今苦しんでいる人には伝えたいです。

　この他にも、病感がある、何かがおかしいと感じられる体験がありました。
歯がグラグラ揺れているという感覚です。

> 統合失調症の人には、そのような訴えがわりと多く見受けられるようです
> が、歯がグラグラするとは、不思議で不快な体験でしたね。

　はい、本当にそうです。実際には、私には虫歯は何本かありましたが、そ
の他に口腔内の問題を指摘されたことはなく、特に問題ないはずでした。両
親に相談するといった発想は思いつきもせず、不思議な感覚を自分だけの中
にじっとしまい込んでいました。歯がグラグラすることは、声が聞こえるこ
とに慣れていったようにはいかず、いつまでも不快な感覚が続いていました。
グラグラする歯のように、世界もグラグラと揺れて見えていました。自分自
身も、ゆらゆらと、そのグラグラする世界の中で揺れて暮らしていました。
透明なはずの空気には、曇りガラスの表面にあるような凹凸が感じられてい
ました。歯を手で触って確認しなかったのは、自分にとってのこの異常な現
実を直視してしまったなら、絶望から立ち直れないだろうという思いを、
薄々と感じていたからでした。現実とは、もうこの頃から既に、少し遠くに
あるもので、身近に感じられるものではありませんでした。

不眠症

> もしも当時、インターネットがあって、統合失調症について調べられていた
> としたら、病気の知識があったとしたら、どうだったでしょう？　統合失調
> 症だと気付いたでしょうか？

　いいえ、不思議な現象だと感じてはいても、まさか自分が病気とは思えな
いものなのです。また、誰にも話してはいけない、という命令に従ってしま
うので、自分で自分が病気と気付くことは、やはりできなかったかもしれな
いと思います。もし、統合失調症らしき症状が表れているのに、気付いてい
なくて、精神科の受診をされてない人がいたら、そのまわりの人が気付けた
らいいなと思います。自分で気付きやすい症状としては、眠れなくなること
だと思います。

> 不眠症はどんな病気の原因にもなり、いろいろな精神疾患の兆候にもなるた
> め、深刻な睡眠不足が続く場合には、注意しなければなりませんね。あなた
> はひどい不眠症に悩まされていたのですね。

　はい、強迫的な観念のために寝付けないことも、症状のひとつでしたが、
ある考え事がいつまでも止まらない、いろいろな考えがまとまらない、といっ
た症状も出現していました。同じ考えがぐるぐる回ったり、次々と違う考えが
パッパッと浮かんでは消えたり、寝る直前になると頭の中が忙しく働き過ぎて、
休めるどころではありませんでした。なぜだか私は死体のようで、ベッドは
棺桶のようで、私は眠るというよりは、仮死状態になるような気持ちでした。
小学生の頃に、学校で死人扱いをされたことが、記憶に刻まれていて、眠る
時になるといつも無意識に浮かび上がってきていたのかもしれません。

場面緘黙

> 小学生の頃に、学校という特定の場面で声が出なくなる「場面緘黙症」に苦しんでいたと聞いています。

　はい、小学校中学年頃でした。家にいる時には自然に声が出るのですが、学校では、声を出そうとしても、のどの奥に声がつかえて、空気しか出てきませんでした。当時は、私だけでなく、おそらく大人たちも、場面緘黙症という名前のことも、そのような症状があることも知りませんでした。現在のように、インターネットは普及しておらず、情報を得るには図書館や書店に行って調べるか、人から聞くしか方法がありませんでした。なぜ学校に行くと声が出なくなってしまうのか、どうしたら声が出るようになるのか、全然わかりませんでした。

　声が出ないことに困って、学校に行くことが、本当につらくて嫌でした。学校で声が出なくなることを、私は先生に理解をして欲しいと求めることはしなかったので、先生もまさか声を出そうとしているのに出ないだなんてことに、気付いていなかったのだろうと思います。学校や先生からは、何の配慮もありませんでした。学校で声が出ないことを、私は悩んでいましたが、両親には心配をかけたくない、学校でうまく過ごせていないことに気付いて欲しくない、そっとしておいて欲しい、そのような思いから、家族には相談しませんでした。家族が当時、場面緘黙症に気付いていたのかどうかは、わかりません。

> 本当につらい小学生時代を過ごしていたのですね。

　ええ、場面緘黙が強制的に破られた時には、自分なんてどうにでもなれば

いい、と自棄な気持ちになりました。今思うと、私は学校の中で、静寂な世界に住む自分自身を必死に守っていたのでした。その静寂が破壊された時、私自身も、自分の人生において、小さな崩壊をしたのでした。

　高学年になっても、どんなに頑張っても小さな声しか出るようになりませんでした。6年生になると、成績が良いという理由だけで、強制的に学級委員に選出されました。クラスの全員に推薦され、断れる状況ではありませんでした。学級委員は、クラスでの話し合いの司会をやらなくてはならなかったのですが、私の声はとてもみんなに届かないので、もう一人の男子の学級委員に、すべてやってもらっていました。本当につらい学校生活でした。6年生の最後の方の日々は、頭が痛い、お腹が痛いと母に訴えて、仮病を使って学校を休むようになりました。おとなしい性格の娘には、私立の女子校がいいだろう、地元の公立中学には決して馴染めないだろう、と両親は考えてくれていたようで、また私は成績が良かったので、小学5年生から塾に通い、中学受験をしました。塾は楽しくて、本当に体調が悪い時以外は休みませんでした。学校を休んだ日でも、塾には行きました。勉強が面白くて、勉強をすることが好きでした。そして、中高一貫の私立中学に合格しました。両親はとても喜んでいました。小学校の卒業式の日、これでやっと、この小学校のすべてから離れられるんだと、私もとても嬉しく、喜びました。

中高時代

　中学に進学して、学校環境がガラリと変わりましたね。

　私は明るさを取り戻しました。コミュニケーションの取り方は本当に下手で、まわりの人への気遣いなどまるでできていませんでしたが、個性を尊重してくれる自由な校風の学校だったので、学校で浮いてしまうということは全然なく、本当に楽しい気持ちで学校に通っていました。学校がこんなにも

楽しい場所だったとは知りませんでした。自分自身にこんなに明るい一面が
あったなんて、思いもしませんでした。学校が大好きになりました。学校は
少し遠かったのですが、電車での通学も苦にならず、この学校を一日も休み
たくない、と思いました。高熱が出て休んだ時には、学校に行きたいのに行
けない悔しさで、泣いたこともありました。

> 学校が大好きになれて、よかったですね。家庭環境についてはいかがでしょう？
> 何か変化はありましたか？

　中学 1 年の途中で、今まで住んでいた家からすぐ近くのところに両親が家
を建てたので、引っ越しをしました。両親は、私や妹の意見を尊重して取り
入れてくれました。私にも妹にも、初めて自分の部屋ができました。勉強机
やベッドも買ってもらって、思い通りの部屋が出来上がりました。

　ところが、中学 2 年の頃です。自分の部屋で「神の声」が聞こえるという
幻聴に引き続き、学校でも不思議な体験をしたのです。私はその頃、GUNS
N' ROSES というバンドが大好きだったのですが、学校に行くと、級友たち
がそのバンドのことについて口々に話しているのでした。私が興味があるこ
とを、みんなが私に聞こえるか聞こえないかくらいの大きさの声で、ひそひ
そと話しているのでした。どうしてみんながみんな、GUNS N' ROSES につ
いて話しているのだろうと、とても驚きました。狐につままれたように、不
思議でたまりませんでした。でも、誰かに尋ねて確認するということはしま
せんでした。このような不思議なこともあるものなのだな、と、だんだん思
うようになりました。GUNS N' ROSES についてのひそひそ話は、しばらく
続きました。

　それから、オウム真理教という宗教団体が、選挙に出馬したりして、世間
の話題になっていました。私もそのニュースについて、いろいろと考えること
があったのですが、私の考えが筒抜けになっていて、みんなに知られている

感じがしていました。私の考えを全部知られてしまっていて、気分が悪いと思い、人と話すことをなるべく避けるようになりました。みんなが私の関心のあることや私の悪口をひそひそ話しているという感覚は、ずっと続きました。

> いろいろな「声」に悩まされるようになってしまったのですね。楽しかった学校生活も、変わってしまいましたか？

　声に悩まされつつも、中学時代では、まだ学校では数人の級友たちと一緒にお昼ごはんを食べたり、休み時間にはトランプをして遊んだり、CDや本の貸し借りがあって感想を言い合ったり、楽しく過ごしてはいました。でも、放課後や休日に級友と遊ぶということはありませんでした。

　中学3年まで、成績はとても良かったのですが、高校生になると、さまざまな症状や、ひどい憂鬱のために、勉強がまるで手につかなくなりました。平日は始発電車で登校し、正当な理由のない遅刻や欠席はありませんでしたが、週末になるとお昼頃まで起き上がれず、トイレに行くためにやっとのことで起きるという生活でした。教科書を開いても、内容が頭の中に入ってきませんでした。文字を追うことも疲れてしまい、勉強が思うようにはできませんでした。授業を聞いても上の空でした。とにかく何も頭の中へ入ってきませんでした。今まですぐに終わっていた宿題が、終わらなくなって、追い付かなくなりました。授業中、ただ席に座っているだけになっていきました。大学受験のために塾に通っていたのですが、授業を無断欠席するようになりました。私は塾に行かず、ふらふらと街をさまよったり、ゲームセンターのコインを落とす簡単なゲームをしたりして、塾にいるはずだった時間を潰していました。とても虚しく、心の中は空っぽでした。

統合失調症を初めて発症した人のほぼ半数が、統合失調症の明らかな症状が現れる前に、抑うつ気分を経験すると言われていますが、「持続性抑うつ障害」（気分変調症）を患っていたようにも見受けられますね。「離人症」については、どうでしたか？

　身体と精神は、以前にも増して、離れ離れになろうとしていました。登下校の途中では、駅のホームを歩いていると身体が勝手に線路に吸い込まれそうになりました。高い建物が目に入ると、身体が勝手にそこへ上って飛び降りようとしたりしました。そのような時、私はとても強い気持ちで身体が勝手に動くのを抑えていました。理由もわからず、勝手に涙が流れることがありました。夜、窓の外を眺めると、身体が夜空へ吸い込まれそうな恐怖感がありました。

さまざまな症状の出現のために、つらい気持ちをたくさん抱えていたのですね。

　はい、あまりにもつらかったので、神のような、強大な力にすがりたいと、強く願っていました。神とは、私の場合、キリスト教の概念における神とまったく同じではありませんが、とても近い感じがするものでした。毎年初詣に行ったり、お盆やお彼岸にお墓参りをしたり、節分に豆を撒いたりなど、仏教の行事は家庭で行ってはいましたが、仏教はあくまでも慣習としてのとらえ方しかしていませんでした。私は救いを求めていましたが、既存の宗教の中には、私が求めるものは見つかりませんでした。

現実的なあなたのことなので、檸檬さんが求めているものがどのようなものなのか、自身でわかっていたということなのですね。

　はい、幻聴、幻覚、妄想は継続していて、憂鬱な気分もひどく、なんとか

したいと思っていました。精神医学に関する本などを読み漁ると、精神分裂病という病気が自分に当てはまっているようだと思いました。『精神分裂病の世界』（宮本，1977）や、『ひき裂かれた自己』（レイン，R. D., 1960/1971）、『嘔吐』（サルトル，J-P., 1938/1951）などの書物を読み、参考にしました。しかし、まさか自分がそのような病気ではないだろう、と思っていました。精神分裂病とは、統合失調症のことで、昔はそのように呼ばれていました。私の保険証は母が管理していて、保管場所を知っていたので、保険証を持って病院にこっそり一人で行こうかと、何度となく考えました。でも、どこの病院に行ったら良いのかわからず、また、病院に行ったとしてそのことが知られたくないと思い、行くことはありませんでした。

　進学校だったので、当然のように大学受験をするのですが、私は自分の不調を自分で治したい、自分で自分をカウンセリングできたら治るのではないだろうか、そう考えて、心理学を専攻できる大学だけを選んで受験しました。

> 檸檬さんは自分の力で不調を乗り越えようと思ったのですね。これだけ苦しい症状に悩まされていても、そのような力がまだ残されていたことは、すごいことだと思います。

　ありがとうございます。でも、大学受験の結果、第一志望校には合格できませんでした。父が、悔しそうな表情で、私の不合格通知を破り捨てているところを目撃しました。母は、何も言いませんでした。事情を知らない級友からは、なぜ第一志望校に合格できなかったのかと責められて、私は何も答えられませんでした。当然の結果でしたが、この挫折感は非常に大きいものでした。勉強しか取り柄がなかった私には、もう何の価値もない、生きていても仕方がない、そう思って、私は自殺を考えました。自殺の方法がいろいろと書いてある本を読んだことがあり、自殺の方法はいくつか思い付いたのですが、考えただけで、実行できませんでした。

第2章　発病

大学時代

> 大学に入学してからはどのような感じでしたか？

　大学に入学しましたが、大学生になったという喜びはなく、無気力で、単位を取得するためだけに授業に出席しているような形でした。たくさんのサークルから勧誘を受けましたが、その中に音楽の好みの合う人がいるサークルがあったので、ひとつだけ参加しました。心理学、特にカウンセリングを学びたいという意欲は、だらだらと学校生活を送っているうちに、消えていってしまいました。

　好きな英語の勉強だけは独学で続けていました。家庭教師のアルバイトをしながら、英会話スクールに通っていました。大学2年の夏に、アメリカに2か月間の短期留学をしました。イリノイ州シカゴの語学学校に入り、一般家庭にホームステイさせてもらいました。初めて親元を離れて、とても刺激的でした。初めての海外、初めての一人旅、何もかもにわくわくしました。授業のレベルも高く、役に立つ授業ばかりでした。私は意欲的に英語を勉強して、充実した留学生活を送りました。帰国便の飛行機の中では泣いてしまうほど、これまでの人生の中で最も楽しい2か月間を過ごしました。

> 初めての海外留学という、楽しく充実した、貴重な2か月間の体験の後、帰国してからはいかがでしたか？

　日本に帰国してから、精神状態が一気に悪くなりました。留学の興奮状態から醒めると、急に無気力で憂鬱になったのです。2か月間、あんなに一生懸命英語を学習してきたけれども、一体それが何になるのだろう、と、自分が頑張ってきたことの価値が認められず、自分がこれまで積み重ねてきたことすべての意味を見失いました。家が狭く感じられ、また、日本社会は窮屈だと感じられました。日本での生活は、面白くなく、退屈で、私は何をしたらいいかわからなくなってしまいました。私は浦島太郎のように時間旅行をして、正しくない時間に帰って来てしまったかのようでした。

> 精神状態の大きな悪化が見られたのですね。

　はい、そしてその頃、たいへん重大な局面を迎えました。声の正体、いつの頃からか、薄々と感じ取っていた神の存在が、自分の名前を呼ぶ声の主と、完全に一致したのです。私の名前を呼ぶ神の声は、ある一か所からの音声ではなく、全部の方向から空気の圧力として迫ってくるようになりました。思い返せば、幻聴とは、そういうものなのです。耳の穴を塞ぐことなど、何の解決にもならないのです。目を閉じていた時にだけ見えていた怖いイメージは、目を開けている時にも見えるようになりました。そして、あちこちの物陰から、化け物のような恐ろしい顔が見えるようになりました。薄暗い帰り道に、電柱の陰に化け物が隠れてこちらをじっと見ていることが、よくありました。

> それは大変な恐怖を感じさせるものだったでしょう。

　ええ、でも私の心は一瞬ドキッとするだけで、それほど動揺しませんでした。そういう不思議なことがあまりにも頻繁に起きていたので、どんなことが起きても当たり前のことのように思えていたからです。

> 不思議さがあって、当たり前と思っていたわけですね。

　はい、そうなのです。また、この頃から、服や持ち物について、正しい組み合わせでコーディネートしなければならないという「強迫的な思考」に悩まされるようになりました。前日に翌日の服を用意してから眠るのですが、起きて着替えて、服のコーディネートがおかしいと思うと、服を全部引っ張り出して、何度も着替え直して、学校を遅刻することが増えました。歯磨きについても強迫的な思考もあり、歯に食べ物がついていると虫歯になると思い、水道を見つけると、すかさず歯磨きをしていました。

　また、その頃に、恋愛妄想がありました。キャンパスで一度も話したことのない男子学生が、私のことを好きに違いないと思い込み、ある日自分から告白しましたが、断られました。

> 「強迫的な思考」や、周囲のことが何でも自分に関係しているように思える「関係妄想」があったのですね。

　はい、そして今度は、人々の視線がとても気になるようになり、学生たちの視線が怖く感じられるようになりました。キャンパス内で人とすれ違うことも怖く、遅刻しなかったとしても、教室に入ることが怖くてできなくなりました。家を出発しても、電車から降りられずずっと乗っていたり、大学の門のところまで行けても、引き返して家に帰ってしまったりして、教室まで辿り着けない日が多くなりました。不登校気味だということで、大学の保健室を利用したこともありました。そこには、おそらく私と同じように、教室に入りづらかったり、キャンパスに居場所が見つけられないために来ている人が何人かいました。

　一度、大学のカウンセリングルームを利用したこともありました。カウンセラーは私の話を聞いて、なんだか驚いたような表情をするので、話しては

いけない内容だったのだろうかと、私はますます自信を失くし、それきり保
健室へ行くことはやめてしまいました。保健室にも行けなくなると、それか
ら大学へはほとんど行かなくなりました。

> 他にも「不思議だ」と思うことが、いろいろと起きていたのですか？

　はい、大学生の頃から、「盗聴」されているというような妄想が現れ始め
ました。私の奥歯の詰め物の中に、超小型盗聴器が仕掛けられていたと思っ
ていたのです。歯医者で治療の際に仕掛けられたのだが、その時は見抜くこ
とができなかった。麻酔をされたから、気付けなかったのかもしれないと
思っていました。おそらく歯医者はグルで、何者かが私の行動を追っている
と感じていました。もしくは、盗聴器を仕掛ける時にだけ、歯医者は別人と
入れ替わっていた可能性もある、などと思いこんでいました。その盗聴器は、
私の実際の話し声だけでなく、私の頭の中の考えをも拾って、何者かに伝え
てしまうと感じていました。

　中学生の頃からあった、自分の考えが「筒抜け」になっているという感覚
がさらに強まった感じで、私の考えが何らかの組織にテレパシーで送られて
いて、その組織の活動に利用されているのだと思っていました。何かわから
ぬ大きな組織に監視されていることは、不気味でした。

　向こうは私のことをよく知っていてすべてお見通しなのに、私は誰に監視
されているのかをまったく知らず、私はどこにも逃げられないという感じが
していて、それは恐怖でした。私の行動も見張られていて、私の思考もすべ
て知られていて、私にはプライバシーがなく、安心できる時間がありません
でした。何らかの組織とは、国家機密に関わるような大掛かりな秘密組織で、
一般の人にはその存在は知られていないのに、私は知っていました。おそら
く重要な国家機密に関わる何かを、私は知ってしまっていて、そのことを誰
にも気付かれないようにしなければ、もし重要な何かが漏れてしまったら、

私の命は危ないとさえ感じました。私は自分が一般の人とは違う、何か特別な存在で、そのためにこのような目に遭っているのだと思っていました。

　また、何者かに「見張られている」、「何らかの組織に追跡されている」、という考えにとらわれたり、自分は重い罪を犯してしまったのではないかと思い込んで自分自身を責めるような症状に苦しんでいました。テレビ画面に、本当に、私の顔写真が映し出されているのを見ました。ぼんやりとではなく、はっきりと、自分であることが確認できました。そして、アナウンサーは私のことを、警察が追っている殺人犯だと言いました。警察が私を捜索していて、いつか捕まるかもしれない、逮捕されたら私は刑務所に入らなければならない、死刑になってしまうかもしれない、次々と最悪な展開が思い付きました。世界がただならぬ不穏な空気に包まれていました。警察だけでなく、世間の人にも私が殺人犯だと知られてしまったからには、どこへ行ってももう逃げられず、私は最悪な最期を迎えるしかない、絶望感でいっぱいでした。私には、殺人を犯したという実感がなく、そもそも誰をどのように殺してしまったのか想像もつかず、まったく記憶がありませんでした。しかし、テレビでそう報道されているのだから、警察や世間の人からも追われているのだから、私には記憶がなかったのですが、自分でもわからないうちに殺人を犯してしまったのだろう、と考えていました。世間の人々から監視され、警察から追われ、国家機密組織と秘密のやり取りもしながら、もう少しで世界の終わりが迫り来るかのような、居ても立っても居られない落ち着かない日々を過ごしていました。

> 日常生活のすべてにおいて、不思議な感覚があったということでしょうか？

　いいえ、統合失調症だったとしても、完全に狂気に飲まれていたわけではなく、正気な時もたくさんありました。音楽鑑賞やCD屋巡りが好きで、好きなバンドのコンサートに行くことが、私の趣味でした。大音量で音楽を聴

くと、頭の中にあるぼんやりしたものが、三角形や四角形などはっきりした形に見えてきました。頭の中で間違った位置にあるものは、正しい配置に移動し整えられて、すっきりする感じがしました。

　また、海外旅行も私の趣味でした。無名の旅行会社から格安航空券を購入して、物価の安い東南アジアを、バックパッカーとして観光することが好きでした。私が行ったことある国は、留学先も含めて、アメリカ、カナダ、中国、韓国、タイ、インド、ネパール、カンボジアです。訪れた外国の中でも、インドはたいへん魅力的でした。ヒンズー教の国で、牛が街中にうろうろしていて、路地裏でさえも神秘的で、いつ神秘体験が起きてもおかしくないような国でした。ガンジス川のほとりのバラナシという町は、特にヒンズー教の聖地ということもあり、宗教的な音楽や香りに包まれた、異次元的な雰囲気の漂う場所でした。

> 不思議な「魅力のある町」というわけですね。

　はい、そこで、とても不思議で貴重な体験をしました。それは、世界と自分が混ざり合って溶け合って、一枚の絵巻物のようになった、珍しい体験でした。私の身体は、ギューンと豆粒のように小さくなって、その時の感覚は、飛行機の離着陸の際の耳がキーンとなる感じを全身で感じ取っているようなものでした。気付いた時には、世界はなくなっていて、代わりにたった一枚の絵が存在するだけでした。絵の中には、私の姿は描かれていませんでした。私の姿は、何色もの色彩に混ざり合った混沌として表されていました。何色もの絵の具がたっぷり厚塗りされた油彩の抽象画のようでした。その絵は混沌を表していました。実際どのくらいの時間、異次元空間をさまよっていたのかわかりません。ほんの一瞬だったのかもしれないし、数分間だったのかもしれません。こんなにもはっきりと世界と融合した体験に、私はとても驚きました。

　ベッドで同じ姿勢を維持していたことは、外見上は、カタレプシーという同じ姿勢をずっと取り続けてしまう症状に見えたことと思います。私は今どこにいて何をしているところだったのか、一時的に記憶喪失になってしまっていましたが、思い出そうとして、やっと我に返りました。ハッとして、自分の身体に意識を向けてみると、確かに元通りに、同じ姿勢でベッドの上に存在していました。自分が瞬間的にこの世界からいなくなったことについて、恐怖心や不安など怖い気持ちはありませんでした。混沌とした世界と溶け合う一体感は、実に気持ちの良いものでした。興奮を伴う、わくわくした体験でした。この体験だけでも、一生分に近い快楽を経験してしまったかのようでした。興奮が冷めてくると、なぜこんなふうに不思議なことばかり自分の身に起こるのだろうという疑問が、頭の中をぐるぐる廻りました。いくら考えてもわからないことがあるのだな、と最後は自分の能力を超えたものに対する畏怖の念を感じざるを得ませんでした。

> さまざまな「不思議な体験」への思いが「畏怖の念」に変わったということでしょうか？

　世の中には自分の考えをはるかに超えた、理解できない現象はいくらでもあるものだ、と最終的には自分を納得させるのでした。インドを旅した時には、神と人間との関係など、神に関する考え事をたくさんしました。一個人ではどうにもならない貧困問題や、複雑な身分制度の犠牲者を目の当たりにして、解決方法を自分なりにいろいろ考えましたが、徒労に終わりました。人間の無力さを強く感じるようになり、相対的に神への畏敬の念が高まる結果となりました。

神のみつかい

自身の理解を超えた体験から、檸檬さんは次第に自分なりに「神」という存在を理解するようになっていったのですね。

　はい、その通りです。神の声は、もはや穏やかではなく、迫ってくるようになりました。世界が突然終わりを迎えそうな不穏な雰囲気に、自分が飲み込まれてしまいそうな、妄想気分に陥ることが増えてきました。以前から薄々と勘付いていたことだったのですが、神の啓示という決定的な出来事があり、私はこの頃から、「自分が神のみつかい」であると、はっきり自覚を持つようになりました。神からの啓示を受けるという、実に不思議で、ドラマティックな体験をしたからです。こんなにもはっきりと鐘の音や絵馬の揺れてぶつかる音が聞こえ、はっきりと稲妻の光がビリビリと夜空を貫くのが見え、何もかもが強くはっきりと印象的に記憶に残る強烈な体験でした。近くに教会も神社もなく、雨が降りそうな天気でもなく、何もかもが幻聴と幻覚と妄想でした。聖書に出てくるパウロという人が、突然雷に打たれて神のお告げを感じ取って回心したというお話を、中高時代のキリスト教の授業で聞いたことを思い出しました。私のところにも、神のお告げがあったことを、驚きと興奮と感動を持って受け止め、舞い上がってしまいたくなるほど、たいへん嬉しく思いました。今までの数々の不思議な体験が、私が神のみつかいだったからだということで、結び付きました。

「神のみつかい」とは、どのようなものなのでしょうか？

　私にとって、神のみつかいとは、自由奔放なイメージのある天使とはまったく違います。神のみつかいとは、神の最も近くにある存在で、神の命令に

は絶対服従です。薄々と感じ取っていた神との関係性が、いよいよ確実なものとなったのでした。あともう少しで家に着くという帰り道の夜に、突然教会の鐘の音が鳴り響いて聞こえました。それに続いて、突風が吹き、神社の絵馬がガランガランと大きな音を立てました。前方の真っ暗な夜空に、稲妻が見えました。その直後に、私は雷に打たれました。雷が私の身体を突き抜けた瞬間、私の目は見開き、すべての神経が覚醒しました。強烈に神の力を感じました。それは神の啓示でした。私は、神のみつかいであると、強く感じ、私には、神のみつかいとしての、使命が与えられたのだと思いました。もはや、神からのお告げとしか、言いようがない、たいへん不思議な、幻想的な体験をしました。全身全霊で、神を感じました。考えるとか、考えないとか、そういう次元の話ではありません。神からテレパシーが伝わってくるのです。全身の神経が、神のお告げを受け取るために、研ぎ澄まされていて、その瞬間、現実の世界のことはすべて忘れてしまって、神の啓示をとても自然に感じ取ってしまうのです。神を感じた瞬間、全神経は覚醒して、私は神と一体化しているようで、この上ない幸福感に包まれ、強烈な陶酔感に浸りました。

　皆既日食の現象を、テレビで見ていた時もそうでした。日食が進むにつれて、私は画面に釘付けになりました。時間はゆっくりと過ぎていき、私の目は見開き、すべての神経が、徐々に覚醒されていきました。皆既日食の瞬間、とうとう涙が溢れて止まらなくなりました。雷に打たれた時と、同じ感覚でした。私は強烈に神の力を感じました。それは、神の啓示でした。神は私に、この神々しい自然現象を通して、特別なメッセージを送ってきたのだと思いました。

　夜になると、その暗闇に、危険を感じていました。だいたい19時から21時くらいの時間帯が、いちばん危険でした。ふわふわと、幽霊のように、街をさまよいました。本当に、透明で実体のない、いつ消えてなくなってもおかしくない存在で、朝の光と入れ替わりでいなくなってしまう点では、幽霊と

同じようでした。身体と精神が、分離しかかっているのを、強い意志で抑えて、何とか持ちこたえていました。自我障害のひとつである離人症、これは私の統合失調症の症状の核心的部分を占めています。この現象が起こると、毎回体力気力を消耗してしまいます。持ちこたえて、やっと大丈夫と思えるような状態になると、安心感と疲れがどっと出てくるのでした。

> この時期、ご自身の気持ちの消耗も大きく、とても苦しかったのではないでしょうか?

　はい、精神状態が非常に不安定で、突然涙が流れたりしました。ふいに見かけた猫のぬいぐるみが、悲しそうに泣いて見えました。私はそれに、自分自身を重ねて、憐れに思い、救い出すために購入しました。かばんに入れて、いつも持ち歩くようになりました。そのぬいぐるみと一緒にいると、私は孤独じゃないと思えました。私は小さい頃から、誰かに助けを求めるといったことが、できませんでした。誰かに助けてもらおうという発想や、誰かに助けてもらいたいという願望が、思いつきませんでした。もう自力では解決できる状態ではなかった自分に、他力本願ですが、今ならこう思います。こんなふうに、誰かに気付いてもらえたら、そして私のことを救い出してくれていたら、と。

> 「神からの命令」は、声が聞こえるのではなく、テレパシーという形で伝えられていたのですね。

　はい、神は私に、いろいろな命令を、テレパシーで送り続けてくるようになりました。道を歩く時、神はこのように命令するのです。広い道と狭い道があったら、狭い道を選んで歩け、と。狭い道の中でも、人が通らないような道を選んで歩け、誰も通らない、険しい道を進め。茨の道を進め、茨の道

こそが、私が進むべき道だ、と。神は私に、苦しい思いや辛い思いばかりさせるような命令をしてきました。楽な道と苦しい道があったら、苦しい道を選ぶようにと、命令してくるのでした。それが私の使命だと言うのでした。生活を、なるべく不便にしなければなりませんでした。便利なものは敬遠されました。簡単にすぐできることは、そう行ってはならず、わざと複雑な手続きを経て行わなければなりませんでした。なんでも簡単に考えてはなりませんでした。わざと複雑に、なかなか答えが出ないように考えなければなりませんでした。どこかへ行く時も、わざわざ遠回りをして、なかなか辿り着かないようにしました。とにかく、わざとたいへんな状況を作って、自分を追い詰め、苦しめなければなりませんでした。しかし、それは神からの命令であり、自分は神のみつかいであるからには、納得のいく使命でした。神の命令には、従うとか従わないとかの選択の余地はなく、そもそも従いたくないというような発想が思い浮かぶことはありませんでした。私はいつでも、神に従順に仕える身分であり、神のみつかいなのでした。

> 檸檬さんの中に、自分は「神のみつかい」なのだという考えが大きく占めるようになってきたのですね。

　はい、私はいつでも、常日頃から、神の存在を気にしていました。例えば、風邪をひいてしまった時には、私は自分が傲慢になっていたせいで、神からの警告として風邪をひいたのだと思っていました。例えば、地震や雷などの自然現象が起きた時には、私は人々が傲慢になっているために、神は怒りをそのような形で表して人間を戒めているのだと思っていました。不思議な体験ばかりしてきているので、世の中には科学的に証明できないこともたくさんあって、人間の知能では神に関することは計り知れないのだと思っていて、自分が理解できないことは、現実の向こう側の未知の世界に答えを求めようとしていました。

> 神の存在について考える時間が増えてきたのですね。神のことを考えない時
> 間については、どう過ごしていましたか？

　不眠症も、大学の教室になかなか入れないことも、卒業まで続いたのです
が、なんとか卒業に必要な単位を取得できました。そして卒業式には出席せ
ず、私はネパールを一人旅しました。ネパールを旅した時にも、インドを旅
した時と同じように、やはり神と人間との関係についてなど、神について、
自分について、ずっと考えていました。人間はとても小さく、大自然の前に
は豆粒みたいな、無力な存在だと思いました。神の偉大な力が、あらゆる風
景の隅々まで感じられました。ネパールから帰国し、大学も卒業すると、ま
たなんだか無気力になり、家に引きこもりがちになりました。就職すること
は思いつかず、就職活動はまったくせず、家でのんびりと好きな英語の勉強
をしたりして過ごしていました。大学受験で失敗して挫折し、自信をなくし
たにも関わらず、まだ自分には勉強しか取り柄がないのだと思い込んでいま
した。私から勉強を取り除いたら何も残らないと感じていました。そして、
英語が好きだという理由で、アメリカの大学院への進学をぼんやりと考えて
いました。実際には、英検準1級を取得しましたが、アメリカの大学院に合
格できるような英語力では到底ありませんでした。

> 英語をさらに上達させるために、アメリカの学校へ行くことを考えたので
> しょうか？

　なんとなく思いついただけで、本気で考えてはいませんでした。実際には、
将来像が考えつきませんでした。自分がどんな位置づけにあるのか、わかっ
ていませんでした。実際には、私はほぼ引きこもりのニートでした。家にい
て、自由気ままに英語の勉強だけ続けていればいい、としか考えていません
でした。大学卒業後、井上先生のカウンセリングを受けていた時に、先生は

私に、精神科への受診を幾度となく勧めてくださいましたね。でも、自分の
力で何とか不調を治したい、自分の力で自分自身の問題を解決したいという
気持ちは変わらず、精神科は受診せずにいました。しかしながら、物心つい
た頃からずっと、この世界はたいへん不気味で恐ろしく、生きることが非常
につらく苦しかったので、何かがおかしい、私の精神は何らかの異常をきた
しているのではないだろうか、と、薄々とは感じていました。しかし、自分
が統合失調症だとは、微塵たりとも思っていませんでした。自力で不調を治
したいという気持ちが、強く感じられていました。

> つらい思いを自分一人で抱え込んでいたのですね。その頃、檸檬さんのご家
> 族はどのような状況だったのでしょうか？

　その頃は、祖父の認知症が進み、家の中が暗い空気に包まれていました。
祖父母と中学 1 年の時に別居になってから、時々祖父母の家を訪れて、会話
をしてきたのですが、だんだん世代間ギャップなどから話題が少なくなって
いき、毎回お菓子を食べさせてくれることがダイエットを阻んでしまうと悩
んだりしているうちに、私は祖父母の家へ寄らなくなってしまいました。特
に大学に入ってからは、時間も合わなくなって、近所に住んでいたのに、ほ
とんど会わなくなってしまいました。祖父の認知症の原因は、私の関わりが
足りなかったせいだと、私は今でも考えています。当時もそう考えていて、
私は自分を強く責めていました。祖父が初めてデイサービスを利用した時に
は、送迎の車が去ると、涙が止まりませんでした。
　私は自分の至らなさを後悔していました。母も泣いていました。私の家族
の歴史の中で、最も暗い時期でした。

離人感と刺青

> 檸檬さんは自身の身体と精神が離れ離れになりそうなこと、離人症について、大きく悩んでいたのですね。

　はい、離人症とは、本当の自分が幽体離脱したかのように自分の身体から離れてしまって、自分のことを見下ろして見えたり、離れたところから自分のことを観察しているような状態になって、自分が自分であると感じられないことです。自分の身体と精神が一致していなくて、離れ離れになってしまうのです。離人感を何とかしたくて、22歳の頃、背中に龍の刺青を彫りました。龍のように強いイメージのものでなければいけませんでした。デザインは彫り師と一緒に考えて決めました。お守りになるから梵字も彫ろうということになりました。

> それは痛かったでしょう。よく我慢できましたね。

　はい、彫った時には、ナイフで切り刻まれるような鋭い痛みを感じることができました。一回に約2時間彫り、全部仕上がるまで4日間タトゥースタジオに通いました。彫り師は私に彫りながら、こう言いました。
　「この龍のように、夢をつかむんだ。」私の夢は、私が叶えたいと思っていたことは、自分の身体を自分のものにすることでした。自分の身体は自分の精神と繋がっているものだと感じたい、生きている実感が欲しい、と、強く思いました。刺青に続けて、ボディピアスを20か所ほどあけました。ピアッシングスタジオで開けてもらいました。針が突き刺さる瞬間、鋭い痛みを感じることができました。

> それらの行動によって、「離人症」の改善が見られましたか?

　いいえ、根本的な解決には繋がりませんでした。身体に痛みを与えても、離人感に何度も何度も襲われました。しかし、刺青を見たり、触ったり、ボディピアスの手入れをしたりすることで、自分の身体は自分のものであるという確認ができるようになりました。左右非対称に装飾された自分の身体を、私は気に入りました。アンバランスが、私にとって、バランスの取れた状態でした。傷ついた身体こそが、自分の身体なのだと、認められました。傷が多ければ多いほど、傷つけば傷つくほど、自分の身体を愛せそうな気がしました。私はきっと、心を病んだ人という印象だったことでしょう。守るべきものもなく、失いたくないものなんて何ひとつ思いつかず、怖いもの知らずでした。

初めての精神科

> 確かその頃でしたね、やっと病院の精神科に行くきっかけとなる出来事があったのは。

　はい、そうです。14歳頃からずっと精神状態の不具合を感じていましたが、ようやく精神科を受診できました。精神科初診は2000年12月4日、私は23歳でした。居間で英語の勉強をしていた時のことでした。突然、神からの命令が下りました。私の名前を呼んでいる時のような、声での命令ではありませんでした。私のまわりの空気の流れが、一瞬大きくうねるように変化し、私は一人だけ異次元空間に迷い込んでしまったかのように、自分だけが神からのテレパシーを受け取ることができる状況にありました。神からのテレパシーの内容は、一切を捨て去りホームレスになれ、ということでした。そのテレパシーを受信するや否や、私の内側に、それはできないことだ、との判

断が小さく生じました。その信仰への小さな反抗心を、神は見逃さなかったのです。その時のテレパシーの伝え方は、いつもよりも強烈で、絶え間なく私に迫ってきました。

　次第に私はぶつぶつと独り言を言い始めました。ホームレスにならなければいけない、でもそれはできない、ホームレスにならなければいけない、でもそれはどうしてもできない、と。私の前の席に、父が座っていて、どうしたんだと聞いてきたように思いますが、何と声をかけられたのか、はっきりとは覚えていません。だんだん私の独り言の声は大きくなっていき、遂には泣き叫んで、走って自分の部屋に行き、ドアをバタンと閉めて、閉じこもりました。ホームレスにはなりたくないという私の意思に反して、身体が勝手に家から出ていこうとしていて、それがとても強い力なので、私は部屋のドアノブに紐をぐるぐる巻いて、一方の端を固定し、椅子など大きな物をいくつかドアを塞ぐように置いて、身体が簡単にドアを開けて出ていかないようにしました。

　私の身体は、一度家を出たらもう二度と帰らない、と強い決意を持っているようでした。ホームレスになるためには、何ひとつ所有物があってはならず、服一枚も身に着けてはいけませんでした。服を脱ごうとする身体に、私は抵抗し、脱がさないよう抑えました。一切捨て去るということは、もう二度と、この家庭には戻れないということでした。家族とも、もう会えないということでした。

　神からの命令は、私が抗えば抗うほど、強く激しく伝わってきて、私の頭の中はテレパシーに占拠され、次にどうしたら良いのか、正常な判断ができませんでした。両親が部屋の前までやって来て、ドアを開けるようにと説得するのですが、私はドアを開けられず、ずっと泣き叫んでいました。どのくらい時間が経ったのか、どちらの側がドアを開けたのか、覚えていません。気付いたら、もう夜遅い時間になっていて、私は両親の寝室の真ん中に寝かされていました。その時、私の精神状態は明らかに正常ではなく、大きな声

で大笑いしたり、そうかと思えば次の瞬間には、声をあげて大泣きしたり、そしてまた大声で大笑いしたりと、笑う人格と泣く人格が、2〜3分ごとにコロコロ入れ替わっていました。それが明け方まで続いて、私はその日は寝たのかどうかは覚えていません。母が翌日、精神科に連れて行ってくれることになりました。私はその日は、ノーメイクで、スタンドカラーの黄緑色の小さな花柄の長袖の服と、灰色のロングスカート、黒い革のロングブーツという服装で、病院に行ったことを覚えています。

> その時の錯乱状態は、きっと精神科受診を誰もがためらわないほどと思われる、決定的な出来事でしたね。

　はい、ところが、精神科に到着する頃には、精神錯乱は鎮まっていました。精神科での初診、私は神との約束、すなわち神の存在や神と私との関係について誰にも話してはならない、ということを守り、落ち着き払ってほとんど何も語りませんでした。私はその時、身体は病院の診察室にありましたが、本当の自分は一面の氷の世界にいました。幼少の頃から馴染んでいる、一面の氷の世界でしたが、その日はこれ以上ないくらいの恐ろしいほどの静けさでした。

　私はロールシャッハ検査やYG性格検査などの心理検査をいくつか受けました。その結果は、その時は知らされませんでしたが、おそらく病的な範囲にあるとの評価がなされたのだと思います。ロールシャッハ検査では、赤い色が血に見えて、それがだんだん滲んで広がって見えたり、死の世界へ誘うような恐ろしい顔が見えたりしたことを、覚えています。診察が終わると、神との約束が守られたことで、私は安堵しました。処方された薬は、気持ちの上では拒絶でしたが、飲まなければならないという強迫的な考えがあったので、泣きながら飲みました。どんな効能の薬なのか、その時は考えたり調べたりしませんでした。ただ、不調が治るのならば飲むしかない、そう考え

たのでした。

　次の再診から私の担当になった精神科医は、統合失調症の専門医でした。処方内容が変わり、抗精神病薬がPZCからリスパダールに変更されました。私は薬の効能を調べ、それが統合失調症に適用される薬だと知りましたが、それでも私は自分が統合失調症だとは思いませんでした。主治医との間に信頼関係が築けるようになるまでの長い間、私は自分の不調、離人感のことや、怖いイメージが見えることなどを訴えはするものの、神のことはいっさい話しませんでした。信頼関係が築けて何でも話せるようになったのは、かなり後になります。主治医の異動に伴って転院してからのことでした。

> そのような錯乱体験を目の当たりにして、ようやくご両親にも檸檬さんの不調を気付いてもらえましたね。ご両親もずっと心配されていたのではないでしょうか?

　はい、両親は私に、一緒に高尾山に行ってハイキングしよう、と提案してくれました。私はハイキングしたい気分ではありませんでしたが、一緒に行くことにしました。高尾山は、私が小さい頃、家族で何度か行ったことがある、思い出がある山です。私は抜け殻のような状態だったので、山に登って楽しいとかは感じられなかったのですが、少し懐かしい感じがしました。汗をかいたら、少し気持ちが動いて、前に進めたような気がしました。私の状態を良くしようと試みてくれている両親に、感謝の気持ちを持ちました。

　私の家族は、決してバラバラになっていたわけではありませんでしたが、家族はこの時、一体となっていると強く感じられました。私だけの感覚かもしれませんが、家族というものは、何も問題なければ、強い結束力はあまり感じられないものだな、と思いました。私の発病という大きな出来事があって、家族は一人一人が家族であろうと団結しているように映りました。ひび割れを塞ごうとするかのように、寄り集まりました。

家族の絆が深まったという点では、檸檬さんの体験は決してマイナス面だけではなく、実に貴重だったとも言えますね。精神科に通い始めて、服薬してみてどうでしたか？

　薬を飲んでいても、不調な状態は良くならず、幻聴、幻覚、妄想は続きました。幻覚や妄想は、より深刻になっていきました。服薬していても、いろいろな不思議な現象が起こりました。通常では体験しないであろうことを、私はいくつも経験しました。

消えない幻覚

薬を飲んでも妄想はすぐには消えてなくならなかったのですね。

　はい、それは今思うと妄想でしたが、当時は妄想と思わず、現実と同じことでした。小人が頭の中に住んでいる姿が、確かに見えていたのでした。小人の声が、確かに聞こえていたのでした。小人の声のトーンは低く、暗くて落ち着いた感じでした。私は小人を、頭の中に飼っているかのような感じで、しばらく一緒に暮らしました。知らない言葉でずっとしゃべっていましたが、私はそれが不快ではありませんでした。小人と一緒にいることは、少し嬉しかったので、会話ができたら楽しいだろうなと思ったのですが、内容がわからなかったので、答えられないことを残念に思いました。小人は萌葱色のような緑色で、昆虫の甲羅のようにつやつやした肌をしていて、目元や額にはしわが深く刻まれていました。小人の目は細く、唇は少し歪んでいて、角張った輪郭をしていて、年齢は中年くらいで、男性のようでした。今振り返ると、それは幻視、幻聴、そして妄想でした。

> 幻視や幻覚といったことも、薬を飲んでいるにも関わらず、現れることが
> あったのですね。

　はい、私は虫や蛇などの生物は生理的に苦手なのですが、幻視の虫や蛇は、不思議なことに、全然気持ち悪くはありませんでした。むしろ、見れば見るほど愛着がわいてくるような感じでした。大蛇が泳いでいた時には、実際にはどれくらいの時間それが見えていたのかわかりませんでしたが、インドの安宿で世界融合体験をした時のように、時間の流れ方がその瞬間変わりました。私だけが別の時空間の中に存在しているかのような、通常ではあり得ない時間の流れ方をしている感じでした。タイムトラベルができたということです。

> 皮膚感覚の違和感については、ずっと前にも同じ訴えがありましたね。

　そうなんです、昔、皮膚感覚が鈍くなったと感じられた頃から、ずっとある体感幻覚です。皮膚感覚の幻覚が、多くなってきました。雨は降っていないのに、屋内にいたりするのに、長袖を着ていたりもするのに、腕に冷たい雨粒がポツポツと、時にはザーザーと、当たっている感覚がありました。また、風か刃物か、何かにスパッと腕や身体を切られて、痛みを感じていました。

　また、世界が変わったと感じるような不思議な体験もしました。世界が色を失ってしまったり、世界が崩壊してしまう、実に不思議な現象です。外出先で、突然、目の前の世界から色彩が消え、白黒の世界に変化しました。見渡す限り、白黒の世界でしたが、時間は止まっておらず、人々は動いていました。モノクロ映画を観ているようでした。どのくらいの時間が経ったかわかりませんが、気が付いたら、元の色彩を帯びた世界に戻っていました。

　また、外出先で、突然、目の前に見えるすべてが、音こそしなかったが、ガラガラと崩れ落ち、世界が崩壊しました。目の前には、もはや建造物は何

もなく、戦後の焼け跡地のようでした。どのくらいの時間が経ったかわかりませんが、録画された映像が巻き戻されるように、破片が自動的に積み重ね上げられ、世界は再構築されました。おそらく、このように、世界が白黒だけの色になったり、世界が崩壊したりしていた時間は、実際にはそれほど長くはない、瞬間的な出来事だったのかもしれませんが、私自身は、少し長い時間に感じられました。なぜなら、まわりをぐるりと見渡して観察できるくらいの余裕があったからです。このようなことが、突然起こるのでした。自分でも驚きますが、そんな自分をとても冷静に観察している自分もいて、全体としては落ち着いた様子だったろうと思います。離人感がいつでもつきまとっていました。

生きたい・傷つけたい

> 幻覚や妄想、離人感が多く出現していたのですね。それらの症状がない時は、どのように過ごしていたのですか？

　いろいろな幻覚や妄想がありましたが、私はこの頃、主治医には相談の上で、またネパールに一人旅をしました。日本から離れると、何もかもがリセットされて、新しい人生が始められるような気持ちになるもので、日常からの現実逃避のためでした。抗精神病薬のリスパダールと、睡眠薬を数種類と、風土病に対応した整腸剤を持って、またトレッキングの旅をしました。前回とは違う、もう少し厳しいトレッキングコースにしました。道の途中で、少し怖い目に遭いました。銃を持った反政府組織の一員に遭遇し、そのため移動に制限がかけられました。反政府組織に占拠された土地は、不穏なメッセージの落書きだらけで、赤い旗が立てられていました。そんな危険な土地に宿泊しなければならない状況になりました。

　またその土地で一人で行動しなければならない時間帯がありました。死が

近くに感じられて、殺されることの恐怖を感じました。誰かに殺される夢は
何度も見たことがありましたが、その時のような曖昧な恐怖心ではありませ
んでした。生きていることを、こんなにもドキドキして感じられたのは、後
にも先にもありません。いくら普段、死にたいと念じるように思っていても、
いざ本当に死んでしまうかもしれない状況に直面すると、やっぱりまだ死に
たくないと、自分の生命を守る思考に切り替わり、私は本当は生きたいと
思っているのだとわかって、安心したような、不思議な気持ちになりました。

> 危険な目に遭遇したのですね。無事に帰国できて、本当に安心しましたね。

　ありがとうございます。人は、突然転びそうになった時に、とっさに両手
を前について、身体を打たないようにします。自分の身体を守るためです。
そのような機能と似た働きのものが、私の心にも備わっていることが、その
時感じられて、不思議なことに、少し嬉しくなりました。

> 生きたい、生きていたいという気持ちが、自然と湧いてきたのですね。

　はい、本当は生きたいという願望が、私の中には確かにあったようで、安
心しました。でも、普段の生活の中では、それはほとんど感じられないもの
でした。
　もう今は回復したので簡単に言えますが、当時、本当につらかったことが
あります。かなり長い間、嘔吐を伴わない過食症に、悩まされていたのです。
一度に数人分の食事量を取ることもあったり、一日に5回くらい食事するこ
ともあったりしました。ひたすら食べ物を詰め込みました。そして、罪悪感
に駆られて、暗黒世界でのたうち回るのでした。私はスポーツクラブに入会
し、ほぼ毎日通い、その日でき得る限りの有酸素運動と、マシンを使っての
筋肉トレーニングを義務的に行いました。パーソナルトレーナーに依頼して、

食事指導や、運動指導も受けていました。もともと運動嫌いな私が、そのような過酷なトレーニングをすることは、苦しい修行のようでしたが、過食症から抜け出せないことは、もっと苦しいことでした。

> 空腹を満たしたかったのではなく、空虚感を何とかしたかったという無意識的な行動の結果、食べ物を詰め込んでいたのかもしれませんね。

　そうかもしれません。食行動異常を治したくて、一度自助グループへ参加したことがありました。同じ悩みを持つ人たちが集まって、与えられた時間、自由にみんなの前で語る形式でしたが、私が話し出すと、みんなは私の話を聞きたくないといった態度で、私の話はちっとも聞いてもらえていない感じがしたので、行かなくなってしまいました。対人恐怖症の症状だったのか、統合失調症の妄想だったのか、自分のせいでみんなが嫌な気持ちになってしまっている、と感じていました。過食症からなかなか抜け出せなくて苦しい状態を自分の力で何とかしようと調べたところ、このような依存状態を嗜癖（しへき）というのだと、本を読んで知りました。

> 嗜癖を持つ人は、他にも統合失調症などの精神疾患を併せ持つことがあると言われますね。

　はい、私も嗜癖について調べたところ、そう書いてありました。自己制御が困難なほどの強い衝動や強迫があり、その行動の直後には、精神的緊張からの解放感や安堵感がもたらされるのですが、過食行動の後に罪悪感の泥沼にどっぷり浸かっている状態は、あまりにも不快であると同時に、ある種の快感でもありました。それもあって、過食行動をやめられずに、続けてしまうのです。食べ物以外にも、私は何かにつけて、どん底まで堕ちて、どっぷりその状態に浸かるという結果になりがちでした。堕ちるところまで堕ちる

と、今までとは違うステージに上がれるのでした。この世界で堕落すればするほど、神は喜び、私の精神はより輝けるのだという錯覚に陥るのでした。

> 摂食障害から回復できたということは、よかったですね。

　はい、本当に、よかったです。でも、次々といろいろな症状が出てきて、たいへんでした。また、物事を過小にとらえる妄想が、お金についてもありました。いわゆる「貧困妄想」です。

> 物事を過大にとらえる「誇大妄想」とは逆で、物事を過小にとらえる「微小妄想」というものですね。

　はい、お金は自分自身の価値を表す唯一の指標でした。お金を遣うと、自分自身がすり減っていくという感覚がありました。お金を遣い続けていくと、涙が出るほど、悲しくてつらくて、最後には自分はいなくなってしまうのでした。だんだん必要な物も買えなくなっていきました。買い物をしないなら、お金は減らないはずでしたが、お金がなくて困窮している感覚が拭えませんでした。いつでも私は貧しく、飢えた気持ちでいました。持っているお金を数えては、少ない、足りない、暮らしていけない、と自分を責めて、悲しくなっていました。また、一つの物の中に両極端な二つが同時に見出された時、たちまち具合が悪くなりましたアンビバレンスという言葉がぴったりな感じです。

> アンビバレンスとは、ある対象に対して、相反する感情を同時に持ったり、相反する態度を同時に示すことで、両価性や両面価値などとも言いますね。アンビバレンスを感じた時に、とても具合が悪いという感じになっていたのですね。

　はい、アンビバレンスが頻繁に見られていました。暗黒の世界が一気に波のように押し寄せて来て、いまにも飲まれそうになる、もしその波に飲まれてしまうと、もう生きては帰れない、といったような感じで、具合が悪くなりました。暗黒の世界に引きずりこまれていきそうになるのを懸命に這い上がろうとするのですが、その力は強く、暗黒部分はすぐそこまで来ているという切迫感であったりしました。光と影のせめぎ合いが、こちらにわっと押し寄せてくる時、私はどちらかと言うと、影の部分に取り囲まれてしまうのでした。私の考え方は、白か黒か、100％か0％か、といった二者択一の単純な関係でしか成り立たない悉無律（しつむりつ）思考で、中途半端な位置にある物をあまり好まない傾向にありました。両極端にならず、中間のグレーゾーンに留まることは、体感的に難しいことでした。相反するものに心をかき乱されて、そのままにしておくと、ホームレスになれとの命令を受けた直後に泣き笑いが止まらなくなった時と同じような、精神錯乱状態に近づくことが感じられました。そうなる前に、頓服薬を追加して、薬を普段よりも多めに飲んで最悪な事態を防ぐことが、少しずつ心がけられるようになりました。

> 薬を飲んで、錯乱状態になることを自分で防いでいたのですね。

　はい、薬には、衝動性を抑える効果が確実にあったようでした。考えの内容はおかしくないとしても、考えの移ろい方の勢いが極端なところもあり、その点にも、薬はよく効いているようでした。何か世界が大きく変化してしまう時の前触れのような、不穏な気配が感じられると、その直後にはだいたい具合が悪くなっていました。ある映画を観ていた時などは、残虐な殺人の場面なのに、それに全く不釣り合いな、心地よい音楽が流れたので、その対極の二物のせめぎ合いは、私を錯乱させました。涙が止まらなくなり、このままでは何らかの最悪な出来事が身の上に起こるであろうと感じられました。

一人でいることに危険を感じ、両親に助けを求めました。相反するものが同時に半分ずつ存在する現象や表現には、心をかき乱されるのです。陰と陽のシンボルマーク、顔半分は泣いていて顔半分は笑っている一つの顔、泣き笑いの表情が混ざったピエロなどは今でも苦手です。

　また、堕ちれば堕ちるほど、神に喜んでもらえるという、妄想というか、誤った考えに支配されていました。

> 摂食障害のお話の時に、堕ちれば堕ちるほど上のステージに上がれると言っていましたが、それと共通点がありそうですね。

　そうですね。私の、自分は神のみつかいだという宗教妄想は際立ってきました。私はあまりにもその身分が高貴なために、この世界と釣り合っていないと感じていました。私はあまりにも純白な存在だったために、この世界で目立ってしまっていることに、罪悪感を抱いていました。神との秘密の約束が、人々に知られてしまうことを、恐れていました。私は、この世界の人々の中に紛れ込むために、自分の品位を貶めなければなりませんでした。本当に自分が汚れたと感じた時、最下層にまで堕ちたと感じた時、悲しいとかの感情は起きませんでした。しかし神に喜んでもらえた嬉しさや達成感は束の間に消え、私の中にはただ不可逆的にすさんでいく一方通行の闇への道が用意されているだけでした。

　夜の闇は、どんな人も受け入れていましたが、それはどんな人も認めてもらえるからではなくて、どんな人も誰からも大切にされないからでした。夜の闇の中では、地に足をつけることができず、どんな自己主張も、もっと暗い闇に消されて無意味でした。いくらもがいても、空気しかつかめず、ぼやけた輪郭のブラックホールのようでいて、私に見えていた暗闇のイメージと、とてもよく似ていた、夜の闇。そこは自分の居場所であるかのように、不思議と気分が落ち着くのでした。本当に自分を傷つけたかった、徹底的に痛め

つけて苦しめて、再起不能になるくらいぼろぼろになって、そう望んでいました。「奇跡の海」(ラース・フォン・トリアー, 1996) という映画を観て、心を動かされました。神への献身と愛がテーマの映画です。主人公は大きな自己犠牲を払い、遂にはひどい性的暴行を受けて、死んでしまうのですが、最後の鐘の音は、主人公への祝福であると同時に、閉鎖的な村の人々への赦しでもあったのだと、私は解釈しました。単なる個人的な信仰の物語ではなく、背後にはすべての人々への福音が隠されていたのでした。その主人公の気持ちが、まるで自分のことのように、感じられるのでした。

　そして、もともとあった自殺願望の高まりが現実化していきました。自殺願望、希死念慮は時々顔をのぞかせていて、鈍い皮膚感覚を覚醒させるために、自分で自分の身体をつねったり叩いたり、針で刺したりはありましたが、実際に具体的な手段に至るまではこれまでありませんでした。しかし、この頃、なぜだか血が見たくてたまりませんでした。手首や腕をナイフで切って、滲む血を見ると安心しました。赤い絵の具を買ってきて、持ち歩いたりしていました。その絵の具をぶちまけた時、私は崩壊してしまうだろうとの予感がありました。ぎりぎりのところでしたが、結局、絵の具の蓋を開けることはありませんでした。包帯や眼帯なども買い込んで、怪我をしているわけではないのに、包帯を巻いたり、眼帯をつけたりして、外出していました。

> 自殺願望と先ほど言いましたが、願望というよりは、何か、こうしなければならないといった切迫感からの行為だったかもしれませんね。

　そうですね。私はお酒が飲めない休質で、すぐに顔色が変わって気分が悪くなってしまうのですが、お酒を大量に、無理やり飲むようにもなりました。ワインや焼酎を買いました。味はどうでもよくて、とにかく自分を痛めつけたいと、ほぼ毎日飲んでいることもありました。飲まなければいけないのだ、と思い込んでいました。自分の身体を傷つけなければならないという、強迫

観念もあったかもしれません。離人感はますます強くなっていきました。自分の身体と精神が分離してしまいそうな感覚がとてつもなく、生きている実感が持てませんでした。

陽性症状

> 統合失調症の陽性症状が、比較的長く続きましたね。

　はい、陽性症状は、統合失調症には典型的なものなので、病気について調べたりすれば、自分は統合失調症なのではないかと気付ける人もいるかと思います。でも、私は統合失調症の薬を飲んでいるにも関わらず、病識はありませんでした。診断書に、統合失調症との診断名が書かれているのを見ても、病識はありませんでした。薬を飲んでいたのに、その効果が十分実感できず、興奮状態が治まらなかったのは、もしかすると、症状が出ていたのに服薬開始が遅れてしまったことが原因だったのではないだろうか、と、今では精神科受診が遅かったことが悔やまれます。

> そのような状態でも、留学したり海外一人旅に出たりなど、活動的に過ごすことができる時間もありましたね。

　はい、ずっと不眠症が続いていましたが、全体的には元気で活動的な行動が目立つ時期でした。陽性症状を今振り返ると、この時期に一生分の人生の興奮や多幸感を先取りして使いきってしまった感があります。あまりにも傍若無人な行動に、まわりの人たちには、迷惑をかけていたかもしれません。眠れないために処方されていた睡眠薬を、大量に飲んでしまうことがありました。健忘を起こして夜中にあちこちに電話をかけてトラブルを起こしたりしたこともありました。情緒不安定な症状もやや強くあり、依存的でした。

人に依存しては裏切られ、ものに依存しては耽溺して体調を崩し、私はボロ
ボロの状態でした。一緒に旅行に行ったりするほど仲の良かった友人T子
ちゃんと、この時期に疎遠になりました。理由はおそらく、私に散々振り回
されて嫌気が差したのだろうと思います。こんなにたくさんの陽性症状が現
れていた時期でしたが、T子ちゃんのおかげで、現在の配偶者、和寿とも出
会えました。和寿と会話をしていると、T子ちゃんは今頃どうしているのか
な、と、今でも話題にのぼり、もし再会できるのであれば、感謝と謝罪の気
持ちを伝えたいと思っています。

> T子ちゃんというのは、お友達ですか？

　はい、そうです。T子ちゃんと私は、当時興味のあったジェンダーについ
ての、とある講演会で知り合いました。同じ年齢の大学生という共通点があ
り、T子ちゃんは私に話しかけてくれました。すぐに打ち解けて、よく一緒
に遊ぶようになりました。当時、いちばんの親友でした。
　和寿の場合は、彼の友人の友人がT子ちゃんでした。T子ちゃんが、合コ
ンを設定してくれて、その幹事を引き受けてくれました。当日は男性3人、
女性2人で食事をして、カラオケに行きました。帰り道、和寿がメールアド
レスを交換しようと言ってくれて、しばらくメールやり取りした後、二人だ
けで会うようになり、それから交際が始まりました。

運命の人との出会い

> 運命の人と、そのように出会ったのですね。和寿さんの第一印象を教えてく
> ださい。

　彼はとても優しそうな雰囲気で、飾り気のない印象の人でした。背が高く、

細身で、水色のＴシャツに暗い色のハーフパンツ、そしてサンダルを履いて
いました。私は最初、彼の普通っぽいところに、惹かれました。私は、普通
であることに憧れていました。けれども、普通であるということは難しく、
そもそも普通の概念がよくわからず、普通であろうとすればするほど、苦労
しました。結局、普通という概念は、自分の幻想に過ぎないと、後になって
わかりました。刺青とボディピアスと自傷痕のあった私に、彼は優しく接し
てくれました。交際が始まって、少ししてから、私は自分が統合失調症とい
う病気らしいという話をしました。私には、自我障害という症状があって、
そのため自分の身体が自分の所有物と感じられない、だから私は自分の身体
を自分のものだと確認できるようにするために、刺青を彫ったのだと、説明
しました。それについての彼の反応は、ほとんどありませんでした。

和寿さんは、どう受け止めていたのでしょう？

　その時はいったいどう受け取られていたのか、わかりませんが、それ以降
も彼の態度は変わらず、交際は続きました。
　「いつ頃統合失調症について知ったの？」と最近になって私が聞いたとこ
ろ、「結婚しようと思った時、つまり他県に転勤になって少し経ってから、
インターネットで調べたよ。精神分裂病と言われたらわかったけど、統合失
調症と言われたから、よくわからなかったよ。」と答えていました。

遠距離恋愛の期間が、長かったのですよね。

　はい、6年半交際したうち、5年以上が遠距離恋愛で、月に2回くらいし
か会えませんでした。電話やメールで毎日やり取りしていました。私のこと
は、あまり病気のように見えていなかったので、統合失調症ということは気
にしていなかったそうです。

陰性症状

陰性症状の時期に入ったと、檸檬さんはなぜわかったのでしょうか？

　26歳頃、文字が読めなくなったからです。文字の解体現象については、田口ランディの『コンセント』（田口, 2001）という本に、私と似た感覚の表現描写があります。

「ゲシュタルト崩壊」という、全体性を持ったまとまりのある構造から全体性が失われて個々の構成部分にバラバラに切り離されて認識されてしまう知覚現象とは違うのでしょうか？

　ええ、全く違います。持続的注視のための疲労によって起こるものではなく、連合弛緩によって支離滅裂になってしまうための現象のようでした。統合失調症の陰性症状のひとつとして、文字が読めなくなったと考えられます。新聞を読む時、見出しの意味すら理解できなくなりました。看板などを見ても、文字が解体されてしまって、何と書かれているのか理解できませんでした。文字の形が解離して、文字としてとらえられなくなったのでした。例えば、「解」という文字を見たとすると、角＋刀＋牛＝つの＋かたな＋うし＝tu＋no＋ka＋ta＋na＋u＋si＝t＋u＋n＋o＋k……というように、文字が自然とバラバラに分解されていってしまうのです。ひとつひとつの文字が正しく読めないので、文章の理解も到底できませんでした。新聞を読むことが日課だったが、この時期から読まなくなりました。文字が読めない時期は、比較的長く続きました。解体された文字は、紙面や看板から剥がれて、ひらひらと空中を舞いながら消えていきました。一文字ずつ、文字が空中を舞って消えていく様子は、私の目に儚げに映りました。一生懸命文字を判読しよ

うとするたびに、疲れ、消耗し、絶望がわき上がってきました。そのうち、文字を見ることを諦めるようになりました。

> 文字が読めなくなった、その他にも、何か困ったことが起こりましたか？

　はい、感情の起伏が乏しくなり、なんだかぼんやりした顔で、視界の狭まりを感じました。海外旅行にはもう興味を失い、激しい音楽は聴かなくなりました。具合の良い時に、悲しい歌詞のバラード曲だけ聴きました。その頃の私は、自分の存在は、交際相手の和寿と好きな音楽だけによって保たれていると感じていました。その二つのどちらかでも欠けていたら、どうだったろうか、と思い出されます。私の部屋のカーペットが、桃色だったのですが、その色が褪せた部分を見ただけで、自分の存在もこの世界から薄れていきつつあることを悟り、たくさん泣きました。もう以前のようには戻れない、と感じていました。だんだん自分は崩壊してきている、私はこのまま廃人になるのだろう、そう思いました。

> 陰性症状とは、それほどまでに思い詰めてしまうくらいに、とてもつらく苦しいものなのですね。

　はい、私は、陰性症状の期間ずっと、自分のことを欠陥人間と呼んでいました。人間になるためには、何か大事な能力が欠けている存在だと思っていました。精神科通院の行き帰りには、欠陥人間、欠陥人間と、自分の考えだったのか幻聴だったのか、頭の中で同じ言葉がぐるぐる回って、ずっと響いていました。神の創造物としての救い難い不具合そのものだ、と感じていました。もし自然物の中で生まれ変われるとしたら、私は石になりたいと考えていました。木々や草花のように、元気に育つための力を必要とせず、ただそこにじっとしているだけの石に、自分との共通点を見出していました。

川辺の石には、水による浸食作用や風化によって、だんだん小さく削れていき、逆らえる運命になく、最後には小さな屑になってしまうという点で、自分と類似点があると思っていました。風が吹くと、風の力が強くて身体が痛く感じられるほど、私の気持ちは弱り切っていました。

　少し気力がある日には、ジグソーパズルを組み立てたり、ビーズ細工をしましたが、あとは何もしませんでした。精神科への通院を始めて、もう何年も経っているのに、一向に楽になりませんでした。自分に欠陥があるとしか思えませんでした。母親は、いろいろな人がいていいんだよ、と言って、引きこもりの私を責めることはありませんでした。病院まで行く道の、桜の木の下を歩き、自分には関係のない春の訪れを、毎年悲しんでいました。

　そして、自分に芯がないことは、ずっと前からありましたが、この頃より際立って感じられるようになりました。自我障害が、私の統合失調症の症状の中核でした。自分自身が感じられないのでした。私はただの人の形をした何ものかでした。人形というほど、柔らかく温かみのあるものではありませんでした。幽霊のように、実体がつかめない不気味な存在でした。

> 檸檬さん自身に「芯」がないこと、ずっと前にも聞いたことがあり、これはかなり昔からの訴えですね。本当につらい経験をしてきましたね。

　はい、物心ついた頃からずっと、中心部分には、何もありません。人間の身体の形をしてはいるが、中身は空っぽです。強くなりたくても、なれず、外見を飾るばかりで、中身はずっと空っぽのまま。空洞部分は、どうしても埋まりません。親に対しては子どもの役割、社会においては女性の役割、結婚したら妻の役割、子どもに対しては親の役割、自分の置かれた状況の役割を演じるのみ。人生はごっこ遊び、役割を虚しく演じるのみだと思っていました。

　生きることが、本当につらくて、この時期、インターネットの自殺掲示板

を見ていました。世間では、練炭による集団自殺事件が話題になっていました。掲示板で知り合ったうちの一人と、連絡を取り合っていました。遠くの県に住む、同じ年齢くらいの女性でした。私に写真を送ってくれました。何度かメッセージのやり取りをし、自殺したい理由や、どんな方法で自殺したいかなど、自殺について語り合いましたが、実際に会うことはなく、そのうちにやり取りはなくなりました。

陰性症状とは、振り返ってみると、どのような時期なのでしょうか？

　陰性症状は、長く続く終わりの見えないトンネルのようです。人生のどん底に位置する真っ暗なトンネルです。そのトンネルの中を、精一杯の力で、這っているのです。自発性や意欲の低下、何もかもに対する無関心が、まわりから理解されにくく、怠けているとの誤解を受けやすいと思います。とてもつらい症状が続く時期です。相変わらず不眠症で、睡眠薬がないと眠れませんでした。自暴自棄になったり、絶望的な気分のために、きちんと服薬を守ることが難しい時期でした。自責の念から、自殺を頻繁に考えるようになりました。暗澹たる気持ちで、毎日家にひきこもっていました。

　少し気分が良い日には、居間でビーズ細工やジグソーパズルをして過ごしていました。今思い返すと、それらは作業療法的な効果があって、気持ちを落ち着かせるためにも良いことだったと思います。自分の部屋には、眠る時と着替える時以外には、ほとんどいませんでした。

　夜になると、両親とトランプをしました。いちばん簡単な、ばば抜きです。両親が、得点メモを書いてくれて、ゲームのたびに誰が勝ったと盛り上げてくれました。両親にはとても気を遣わせてしまっていたように思います。一度、母と外を歩いていた時に、母から手を繋いでくれたことがありました。私の手を、弱々しく、握ってくれました。一度、母に、私はもう死にたい、死のうと思う、というようなことを言いました。すると母は、いろんな人が

いるから、檸檬ちゃんは檸檬ちゃんらしく生きていけばいいんだよ、と言ってくれました。その母の言葉が、今でもずっと心に残っています。

第3章　回復の兆し

病識！

28歳の頃、転機が訪れたと聞きましたが、どんなことがあったのですか？

　はい、その頃、病識が持てるようになったのです。私はずっと自分のことを神のみつかいだと信じていて、そのためにさまざまな不思議なことが起こるのだと考えていましたが、私が神のみつかいであることは、妄想だと、私は理解しました。そして、自分は統合失調症なのだと認めました。

　それから精神状態は急激に良くなっていきました。調子が良いと感じられる時間が増えてきて、外に出られるようになってきました。太陽の下を歩けることに喜びが感じられ、ただ外を歩いているだけで、とても幸せを感じることができました。世界がこんなにも明るかったことに驚き、いかに長く暗闇の世界にいたかを思い知らされました。

病識が持てるようになったことに、何かきっかけがあったのですか？

　いいえ、特にきっかけとして思い付くことはありません。気付いたらいつの間にか、暗くて長いトンネルを抜けられていました。その頃の感覚としては、どん底まで落ちて十分這いつくばり終えたような感じで、過食症が治った時の回復過程と似ているところがあるように思えました。消耗しきった感じで、とにかく疲れました。私の精神科の主治医が、初期の頃の診察で、30歳くらいになったら症状は落ち着いてくるでしょう、という見立てをしたの

ですが、本当にそのくらいになって落ち着いてきたことに、驚きました。神の声は、もう聞こえてきませんでした。身体も精神も痛めつけなければならない理由は、もうありませんでした。自己犠牲は人々に福音をもたらすだろうとの思いも、誤った考えのひとつだったと気付きました。素直に自分は統合失調症なのだと理解しました。

> 病識が持てるようになると、病気との付き合い方がわかるようになってきますね。陰性症状から抜け出せて、本当によかったですね。

　はい、自分は欠陥人間だという考えもなくなり、安心しました。好きな音楽を再び聴き始めたり、映画鑑賞や読書も楽しめるようになりました。「ビューティフル・マインド」（ロン・ハワード, 2001）という映画を観ました。統合失調症の数学者、ジョン・ナッシュの半生を描いた映画です。主人公の妄想が、あまりにも現実のように表現されていて、驚きました。特に、主人公が暗号を解いていた古い小屋と、鬼気迫る様子で手紙を投函していた郵便ポストの実際の有り様に、衝撃を受けました。妄想に基づいた行動は、他人の目にはあのように奇妙に映っているのでしょうか。でも、主人公にとっては、妄想は現実と変わらないもの、現実そのものでした。私には、彼のような天才的な能力はありませんが、彼の妄想の世界を自分のもののように理解できたので、思わず自分を重ね合わせずにいられませんでした。

　病気を認めるまでの過程や、服薬をためらう気持ちもよく描かれていて、本当にその通りだと共感しました。発病前からの環境をなるべく変えないようにするなど、過ごし方についての提案も正しく描かれていると思いました。また、病気を含めてその人自身と認めてくれて、受け入れてくれる人の存在が、回復のためにとても大切だと思いました。

　文字がまた読めるようになったので、私の愛読書、『荒野のおおかみ』（ヘッセ, H., 1927/1971）という本を再読しました。二面性を強く持ち合わせ

ている孤独なアウトサイダーである主人公が、生きる希望を見つけ、自己実現する過程が描かれた作品です。ヘッセ自身も、主人公も、統合失調症ではないのですが、首尾一貫した話の展開の中に、統合失調症の人の体験と似た支離滅裂な要素の描写が含まれていて、私はこの本の内容をよく理解できて、面白く感じます。

> 妄想世界から現実に復帰できた、といった感じですね。

　はい、本当にその通りです。復帰と言えば、社会復帰をいう言葉が、気になるようになりました。以前、私を交際相手の和寿と引き合わせてくれた友人T子ちゃんが、よく使っていた言葉でした。何の資格も職歴もない私に、社会復帰とは、大きすぎる課題でした。それでも、働かなくてはならないと思い、いくつか仕事をしました。

仕事に挑戦

> 社会復帰というと、まず仕事をすることが思い付いたのですね。

　はい、どれも短時間のアルバイトやパートでしたが、いろいろな仕事をしました。ウェイトレス、テレアポ、デモンストレーター、工場での検品、医療事務、ダイレクトメール封入作業、マッサージなどです。正社員は、職歴や経験が何もないことから、面接に受かることはありませんでしたが、どの企業も断り方は冷たくはなく、次の面接に受かりやすくなるための助言をしてくれたりしました。具体的には、面接に相応しい服装や、言葉遣い、履歴書の書き方などについてでした。就職以前に、私には基本的なマナーができていなかったようでした。公務員になりたいと考えて、予備校に入塾の説明を聞きに行った時には、年齢が28歳だともう勉強が間に合わなくて合格は無

理ですから、と門前払いされました。悔しかったけれども、勉強ができな
かった精神状態の期間が長かったので仕方ないと、諦められました。

　精神保健福祉士になりたいと考えて、専門学校の入学試験を受けに行った
時には、面接で志望理由を答えられず、不合格でした。なぜ精神保健福祉士
になりたかったかというと、私と同じ統合失調症の人たちを、自分の経験を
踏まえて助けられるのではないか、と考えたからでした。集団面接だったの
で、私は統合失調症だとのカミングアウトができず、答えられなくなってし
まったのでした。統合失調症だからという理由で、差別されたり、偏見の目
で見られたりすることを、過剰に恐れていました。

> 短時間のアルバイトやパートも、立派な仕事です。どんな仕事にも、苦労が
> 伴いますよね。実際に仕事を始めてみて、どうでしたか？

　仕事を始めると、仕事以外の時間も仕事のことばかり考えるようになり、
緊張状態から解放される時がありませんでした。遅刻しないようにと思い詰
めるあまり、1時間も早くに職場に着いてしまうこともあり、駅のホームの
椅子に座っているか、近くの喫茶店で時間を潰すのですが、頭の中は仕事の
ことでいっぱいでした。代わりの人がいたりして休みやすい職場でも、休め
ない、休んではならないという強迫観念がありました。特に厳しかったのが、
休憩時間でした。私は雑談が最も苦手で、会話が続かず、結局いつも孤立し
てしまうのですが、無理して話を合わせようと努力している状態と同じくら
い、その孤立した状態も居心地が悪く、緊張の連続でした。職場の人間関係
がうまく築けずに、あからさまに避けられたりして、悲しくなりました。毎
日飲む薬も頓服薬も、種類や量が、一気に増えました。それでもうまくいか
ずに、いつも具合が悪くなってしまい、体調不良ということで、どの仕事も
自分から辞めざるを得なくなりました。仕事を辞めるたびに、挫折感や自己
否定感が強まり、自分に自信がなくなっていきました。生活費どころか、自

分の小遣い程度すら稼ぐことは難しいことでした。

> 障害者雇用制度を利用するといったことは、まったく考えてなかったのですか?

　当時の私は、仕事というと一般就労のことしか頭になく、障害者雇用制度というものは知りませんでした。

> 障害者雇用制度とは、障害者雇用促進法に基づいたもので、自治体や企業は一定の割合で障害者を雇用することが義務づけられています。現在では、障害者雇用促進法は改正されて、合理的配慮の提供も義務となりました。合理的配慮とは、障害のある人が障害のない人と平等に人権を享受し行使できるように、一人一人の障害特性に応じたきめ細やかな支援がなされるようにするための配慮のことです。

　社会的障壁をなくそうという取り組みはとても良いことだと思います。でも障害者の就業については、まだ多くの課題が残されていると感じます。また、当時の私は知らなかったことでしたが、統合失調症ならば受けられる可能性のある制度がありますね。公的な制度とは、情報を知り得た人だけが恩恵を受けられる制度であってはならないと、私は考えています。障害年金については、私はかなり後になってから、その存在を知りました。知ってすぐに管轄の年金事務所に向かい、照会してもらったのですが、その結果、受給条件になっている時期に未納分がありました。年金事務所の弁護士と面談しましたが、未納分があるために受給できないということでした。20歳未満の14歳の頃から症状が出ていたことを説明しましたが、そのころにどこか病院を受診したことがなかったため、取り合ってもらえませんでした。

　20歳になってから、年金の振り込み票が、自宅に届いていたことは覚えています。でも、書類の管理ができず、きちんと支払える時と、振り込み票を

失くしてしまう時がありました。今となっては管理能力の欠如を証明できません。もっと初期の段階で、振り込み票を親に管理してもらうなどの手段が取れたなら、仕事にしがみついて症状を悪化させてしまわなくても済んだのではないか、お金の心配をし過ぎて症状を悪化させてしまわなくても済んだのではないかと、後悔しています。

> 症状が悪化してしまうくらいに、仕事のことが気になったり、お金の心配をしたりしていたのですね。

　はい、その頃、耳がとても痛くなる症状があり、耳鼻科に行きました。検査をしましたが、何の異常も見つからず、自律神経失調症と診断されました。私は耳鼻科医に、精神科の薬を飲んでいることを告げました。すると、じゃあ自律神経失調症の薬も飲めるよね、という感じで、グランダキシンという薬が処方されましたが、私はその時の対応に、深く傷つきました。統合失調症の薬を飲むのも、好きで飲んでいるわけではなくて、本当は嫌で、仕方なく悲しい気持ちになりながらも飲んでいるのだから、もうこれ以上の服薬は嫌でした。強い薬が飲めるのなら、それより弱い薬を飲むことなんて抵抗ないだろう、という考えを押し付けられたようで、悲しくなりました。耳が痛いことは、自律神経失調症の薬をしばらく飲んだら治りました。はっきりとした原因はわかりませんが、仕事をしなければならないという追い立てられた気持ちが常にあったことが、身体の不調となって現れたのかもしれません。

カミングアウト

> 病識が持てるようになって、カミングアウトへの考え方はどのようになりましたか？

　はい、やはり裏表が作れない性格なので、この頃、私は、信頼できる友人だと思っていた人に、言葉を選んでそれとなく、自分が統合失調症であることを、カミングアウトしました。この病気は自分の核心部分であり、自分に深く浸透しています。統合失調症だと知られないようにしなくてはならないとなると、自己開示の程度にとても制限がかかるので、もっと親しくなりたくて、勇気を出して伝えてみたのでした。ところが、それ以来、距離を置かれて、その人とは疎遠になってしまいました。

> それはたいへんショックでしたね。

　はい、人はその職業や経歴がどんなに立派で素晴らしかったとしても、真の寛容さを持ち合わせているとは限らないのだと思い知らされ、深く傷つきました。なかなか立ち直れずにいました。しかし、その一方で、思いがけずカミングアウトしてしまったところで、それ以降も態度を変えることなく、とても親身になって話を聞いてくれた友人もいました。その人は、神様はいないと思うよ、もし神様がいるとしたら、よく漫画に出てくるような姿をしていて、天国でお酒を飲みながらくつろいでいると思うよ、と言って、笑っていました。その友人の言う神様とは、まるでその友人の姿そのもののようだと、私は思いました。今は疎遠になってしまいましたが、数年間、私のことを大きく支えてくれた、影響力のある大切な友人でした。

> 統合失調症のことを、言った方が良いと思われる場合には、「自分は疲れやすい体質だ」などと言うようにしていくのはどうでしょう。

　そうですね、実際、統合失調症の人は、頭を使い過ぎていたり、気を遣い過ぎていたりして、緊張状態がほぐれることがなく、見た目の上では何もしていないように見えても、疲れやすい体質であると言えます。病気のカミン

グアウトは、仕事などで必要を感じた時だけでいいのかもしれませんね。今度からは、もし言った方が良さそうな時には、自分は疲れやすい体質だと言ってみますね。

第4章　家族のはじまり

結婚式

> これまでいろいろありましたが、檸檬さんは以前からおつきあいしていた人
> と、結婚したのですね。おめでとうございます。

　ありがとうございます。30歳の時、結婚しました。結婚相手は、私が24歳
の頃から交際していた、和寿です。とても優しい人で、私のことを否定せず、
受け入れてくれます。彼はすぐに仕事で転勤になってしまっていたため、ほ
とんどの交際期間、遠距離恋愛でした。

　その頃、祖父は既に亡くなっていました。気胸などの病気をいくつか患っ
て入院していましたが、ほとんど老衰でした。病院の個室で、祖母以外の家
族全員に最期を看取られました。祖母は、祖父が入院して一人暮らしになっ
てから、急激に元気がなくなり、一度転んで脳出血を起こしてしまい、それ
から失語症でした。祖母は一人で食事が摂れなくなり、胃ろうの処置をされ
て、病院で寝たきりの生活を送っていました。祖母は、認知症も患っていま
した。私は、私の母と、結婚相手と一緒に、祖母に結婚報告をしました。祖
母は、まったく反応しませんでした。結婚という、幸せの絶頂であったはず
でしたが、祖母の衰えは実に悲しく、祖父が初めてデイサービスに行ってし
まった時のような気持ちになり、涙が止まりませんでした。

> 獲得もあれば喪失もあります。ちょうど家族の大きな変化の時期だったので
> すね。結婚式はどうでしたか？

　結婚式はとても温かく幸せに満ちた素敵なものでした。親戚は呼ばず、両家の両親と兄弟姉妹だけの小さな結婚式でしたが、みんなが優しい笑顔を見せてくれていて、幸せいっぱいな雰囲気の中、祝福してもらいました。両親と兄弟姉妹には、私から、一人一人に宛てた手紙を渡しました。心から、感謝の気持ちを伝えました。

　結婚式が終わって、みんなが帰ってしまったら、急に寂しくなってしまいました。和寿と一緒に人生を歩んでいくことに、不安な気持ちはまったくありませんでしたが、両親の元から離れてしまうことに、寂しくて仕方ない気持ちでした。若い頃はあんなに自立したいと思っていたのに、いざ自立する時が来ると、このような気持ちになってしまうのかと、驚きました。そして、両親と今まで過ごしてきた時間を振り返ったり、両親が一生懸命私のことを育ててくれたのだろうと考えたりして、今までの中でいちばんの感謝の気持ちを持ちました。結婚式の終了間際に、私は母から手紙をもらいました。そこには、こう書かれていました。

　「檸檬ちゃんに謝らなければならないことがあります、檸檬ちゃんが一人でつらい思いを抱えている時に、病気のことに気付いてあげられなくてごめんね。」

　私は、それを読んで泣きました。和寿にも、母からの手紙を見せると、和寿も、泣いていました。

私の安定期

> 檸檬さんのことをよくわかっていて、いちばんに考えてくれている、優しいご主人ですね。結婚して、ご主人の住んでいたところへ引っ越したのですよね。

　はい、二人で新居を探して、そこに住みました。知り合いが全然いないことに、不安はありませんでしたが、両親の保護がもうないことが寂しくて、

時々ホームシックのようになって、お風呂でこっそり泣いていました。でも、和寿との生活は、とても楽しく、とても幸せでした。私の精神状態が、最も安定していた時期だと自信を持って言えます。和寿が出張の仕事でいない夜は、寂しくて泣いていました。それだけ、毎日頼りにしていたのです。

> 精神状態が安定している時期だったのですね。精神科のお薬はどうしていたのですか？

　精神状態が安定していても、薬は一生飲み続けなければいけないと、精神科の主治医に言われたことがずっと心に留まっていたので、薬だけは絶やさないようにしなければと気を付けていました。新しい土地での精神科探しはたいへんでした。自分のことを話しても大丈夫だと思える精神科医となかなか巡り会えず、何軒もドクターショッピングを繰り返しました。最終的には、最寄り駅からひとつ離れた駅の駅前にある精神科に通うことにしました。そこの精神科では、心を開いて話すということが最後までできませんでした。でも、特に話すべき症状がないくらいに、精神状態が安定していたので、助かりました。私の場合、精神科ならどこでも良いわけではありませんでした。ずっと私のことを診てくれていた主治医とは、本当に信頼関係が築けていたのだな、とその時初めて気付かされました。

妊娠

> 妊娠や出産について考えた時の気持ちを聞かせてください。

　はい、妊娠を考えた時に、まず遺伝の不安はありました。当時、インターネットで情報を得ようとすると、出産は諦めた方がいい、との書き込みが多く見受けられました。多くの人が、統合失調症という病気を抱えての妊娠や

出産について不安に思い、絶望的にとらえていることが伺われました。でも、必ずしも遺伝する病気ではないということで、私は産むことを決意しました。私が調べたところ、両親のどちらかが統合失調症の場合、子が統合失調症を発症する割合は、約10％と推測されています。親が統合失調症でも、約90％の人は統合失調症を発病するわけではありません。一卵性双生児のように、遺伝子が同じであると、発病率は約50％と高くはなりますが、100％ではないことから、発病には個人差や環境要因も関連していることがわかります。

> これまでの研究から、統合失調症は多因子疾患だということがわかっていますよね。

　はい、ひとつの遺伝子の異常によって生じる単一遺伝疾患ではないようですね。遺伝するのは病気そのものではなく、その病気にかかりやすい素質が遺伝するのですね。もし出産した子が統合失調症を発症したとしても、自分の経験を基に助けられることがあるかもしれないし、もし統合失調症以外にも、たとえどんな子が生まれてきても、一生懸命育てる決意は、産婦人科が開催する母親教室を通しても、十分育っていました。また、当時、私がインターネットでメッセージのやり取りをした一人の人が、私に大きな希望を与えてくれました。その人には、私と同じように、自分は神だとの妄想があったそうで、私と似たような病気の経過を辿りましたが、後に寛解したということでした。病気のことを恨む気持ちはなく、逆に人生を前向きに積極的に歩む気持ちにさせてくれたと、私を励ます内容のメッセージを送ってくれました。自分と同じように、自分は神あるいは神に近い存在だという妄想があった人と交流できたのは、それが初めてでした。私はとても、勇気づけられ、このことも出産を決意するきっかけとなりました。

> 妊娠がわかった時には、どんな気持ちでしたか？

　とても嬉しかったです。妊娠検査薬の陽性マークを何度も確認してしまいました。妊娠がわかった時点で、すべての薬の服用をやめました。すると、また妄想が出てきてしまいました。道を歩いていると、前後からやって来る人が刃物を隠し持っていて、私を刺そうとしているという妄想です。なぜ私は命を狙われているのか、それは、私の存在自体が、重大な秘密に関わっているからでした。妊娠中は、体重が増え過ぎないようにするためにも、散歩などの軽い運動をするよう指導されます。しかし、外を歩くと、刃物で刺されるに違いないという迫害妄想が苦しく、一人では歩けなかったため、私の父に一緒に歩いてもらいました。里帰り出産するために、私は自分の実家に帰っていたのです。父も母も、私の出産のために、万全の準備体制を整えていてくれました。ベビーベッドを組み立ててくれた父は、とても優しい人で、現実的な考えの持ち主です。出産予定日が近づくにつれて、私には、こんな考えが浮かぶようになりました。お腹の赤ちゃんは、居心地の良いお母さんのお腹の中の世界だけを知っていることが幸せなんじゃないか、生まれてきて、現実の厳しい世界を知ることは、不幸なんじゃないか、と。それを父に話すと、

　「檸檬ちゃんは変なことを言うね、生まれてくる方が幸せに決まっているじゃないか。」と、父は答えました。母にも自分の考えを話しました。

　「お腹の中にいるよりも、外の世界に出て、檸檬ちゃんと一緒に遊んだりする方がきっと楽しいと思うよ。」と、母も答えました。本当にそうなのかな、と、この時の私はまだ半信半疑でした。お風呂に入って、お腹の赤ちゃんに、話しかけていました。かわいい赤ちゃん、ずっとお腹の中にいてもいいよ、でももし生まれてきたら一緒に遊ぼうね、と。

　優しいご両親ですね。そのように言ってもらえると安心できますね。

　はい、他にも追跡妄想だったのだと思える妄想がありました。上空のヘリ

コプターが私を追跡しているという妄想があった日には、私はヘリコプター
の会社に電話で問い合わせをして、なぜヘリコプターが飛んでいたのか確認
をしました。そして、私を追跡していたわけではなかったことを知りました
が、私の気は休まらず、主人にもその出来事を話しました。すると、それは
私の妄想だから、他人には話さない方がいいよ、と言われました。妄想だと
言われても、なかなか納得はいきませんでしたが、それ以上誰かに話すこと
はしませんでした。やはり私は重大な秘密を知っているために、このような
目に遭うのだろう、と考えていました。

> 妄想だと、完全には割り切れない部分が、残されていたのですね。

　はい、自分にとっては、妄想は現実と同じ感覚での受け止め方しかできま
せん。他にも、スーパーに買い物に行くと、店員に、私がレジ袋を何枚使っ
たか、どのように袋詰めしているのかなど、一挙手一投足見られていると感
じていました。レジ袋を使い過ぎていることを非難するように、ひそひそと
店員たちが私を見ながら話しているのが聞こえてきました。私の袋詰めの方
法は間違っていないと思いつつも、自信が持てなくなっていきました。スー
パーで他の買い物客とすれ違う時にも、文句や言いがかりをつけられやしな
いかと、ビクビクするようになっていきました。でも、生活のためにはスー
パーに行って買い物をしなければならないという義務感から、必要なものを
買って袋に詰めて持ち帰ることができていました。

出産！

> そのような妄想が時々ありましたが、日常生活はできていたのですね。

　はい、できていました。そして、無事に出産することができました。出産

後には、なぜだか悲しくなって涙が止まらなくなるという、産後うつの症状も現れました。希死念慮が出てくるほど悲観的になり、たいへん具合が悪くなりましたが、服薬を再開すると、産後うつ状態は落ち着いてきました。生まれてきた赤ちゃんは、とてもかわいくて、生まれてきてくれて本当によかったと心から喜びました。名前は絵梨と名付けました。お腹の外の世界は実に厳しいけれど、全力でこの子を守りながら育てようと、今までの人生の中で最も強い決意を持って、育児に専念しました。

> 出産おめでとうございます。並々ならぬ決意を持って生んだ赤ちゃんは、とても愛おしく感じたことでしょうね。新生児の育児は、どうでしたか？

　ありがとうございます。絵梨の育児中は、ひどく睡眠不足になったためか、また希死念慮が強く出てきて具合が悪くなったので、統合失調症の薬が増えました。私の母にはたくさん手伝ってもらい、感謝し尽くせません。3か月間、実家の両親に支えてもらった後、主人の待つ自分の住処へ戻りました。主人も赤ちゃんの面倒をよく見てかわいがり、幸せでした。私は、軽い陽性症状と軽い陰性症状を引きずった状態で、落ち着いてきました。

> 軽微な症状は残っているものの、精神状態が落ち着いてきたことは、本当によかったですね。

　はい、でもしばらくして、耳がとても痛くなりました。病院に行かなくてはならないと思うほどの痛みでした。耳鼻科に行って検査しましたが、何の異常もありませんでした。3年前にも同じように耳が痛くなったことがあると言いましたが、耳鼻科医はそれ以上は親身になって診てはくれなかったため、原因はわかりませんでした。自律神経失調症の薬は処方されませんでした。1か月ほど経って、耳の痛みは治りました。もしかすると、育児で疲れ

ていたことが原因だったのかもしれません。絵梨は夜泣きをする子だったので、私はひどく睡眠不足な状態でした。また、自分と他人との境界線が曖昧になってしまう自我障害のために、私は自分の内側に秘密が持てず、昔から自己の全存在を他人に明け渡してしまうような状態でした。

　質問されると、どこまで答えたらいいのかわからず、全部話してしまったりするのでした。人の真意、人間の心理の裏と表の区別がよくわからず、すべて真に受けてしまうので、子が生まれて新しくできた人間関係に疲れていたということも、耳が痛くなった原因だったかもしれません。対人関係で疲れたり、緊張したりすると、口がもごもごしたり、目がピクピクしたりする感じになりました。けれども、一人目の赤ちゃんを順調に育てられていたので、もう一人産みたいと思っていました。

第 2 子出産！

> 二人目の赤ちゃんの妊娠と出産も、無事でしたね。おめでとうございます。
> 第 2 子出産の時のことも、聞かせてください。

　ありがとうございます。第 2 子を妊娠し、また服薬を中断して、出産に臨みました。第 2 子妊娠中には、第 1 子の時より、妄想は少なく現れました。妄想の内容は、何らかの組織に追われているとか、刃物で刺されるとか、第 1 子の妊娠中と同じようなものでした。

　一度、道を歩いていた時に、全然知らない人が、遠くの方から近寄ってきて、突然こんなことを私に言ってきました。

　「××さんのお母さんは、統合失調症で自殺しちゃったんですって。統合失調症って怖いわね。」

　そう言って笑いながら、その人は立ち去っていきました。××さんとは、テレビにもよく出ていた歌手で、当時その歌手の母親が自殺したことが、大

きなニュースになっていました。

　私はいつもの癖で、最初は微笑んだ表情を浮かべて聞いていましたが、後で意味がわかると、顔が蒼ざめ、ひきつりました。なぜ、その人は、私にそんなことを言ってきたのか、わかりません。考えられることとしては、私が駅前の精神科に通っていることを知っていて、私を見つけたのでわざわざ近寄って来て、意地悪をしたのでしょうか。世間の狭い土地柄のところでは、人々の噂にならないように、行動に気を付けないといけないと思いました。また、これほどの偏見や悪意を持っている人がいるのだという事実に、寝込みたくなるほどのショックを受けました。

> 差別や偏見に基づく行動をする人に出会ってしまって、傷つきましたね。精神的に不安定にはなりませんでしたか？

　それは大丈夫でした。生まれてくる子どものことを思うと、私も少し気持ちが強くなれていることを感じていました。第2子の出産の時も、里帰りをしました。出産予定日が近づいてきても、今度は、赤ちゃんにずっとお腹の中にいて欲しいとは思いませんでした。早く生まれてきて欲しい、そして一緒に遊ぼう、と考えていました。母をはじめ、家族の多大な協力もあって、二人目の赤ちゃんも無事に産まれました。名前は元彌と名付けました。今度は、産後うつなどの症状が出るより早くに、服薬を再開しました。元彌も、とてもかわいく、家族全員にかわいがられ、幸せでした。家族の大きな支えや協力のおかげで、現在に至るまで、育児は自分の想像以上にきちんとできています。

　いつも一緒にいた猫のぬいぐるみは、クローゼットに大切にしまわれました。私の分身であるという役目を、完全に果たし終えたからでした。ぬいぐるみは、もう悲しい表情で泣いてはいませんでした。

第5章　暗雲の向こうにかかる虹

再発

> 小さなお子さんたちはかわいいけれど、育児はたいへんでしょう。体調など
> 崩しませんでしたか？

　はい、かわいい子どもたちの育児に追われて、忙しく日々を送りながらも、幸せで、充実した日々を送っていました。ところが、30代後半から、再発への期待の気持ちがわいてくるようになりました。神は消えてはいなかったのです。神は、長年共にいるパートナーのような感じでした。私はずっと、神を懐かしんでいました。また神の声を聞きたいと思っていました。私はやはり神のみつかいだったようでした。病気の再発は防がないといけないことと理解はしていて、それまで薬はきちんと毎日飲んでいました。しかし、再発への憧れの気持ちを抑えきれず、減薬を試みるようになっていきました。すると、またいろいろな症状が出てくるようになりました。

> たとえば、どのような症状が出てきたのですか？

　はい、一つには、不気味な顔が見えるという症状でした。顔だけの生首だったり、目が飛び出していたり、舌が伸びきっていたり、口が裂けていたり、どれも人間の顔なのだが、人間とは思えない、異様な顔つきでした。肌の色は、茶色だったり、赤だったり、青白かったりしましたが、中でも、青白い顔が最も恐怖を与えてきました。青白い顔は、まるで死人でした。目が

合うと、死の世界へ誘われました。あちこちに違う顔が現れたり、同じ場所に次々と違う顔が現れたりして、どの不気味な顔も、私をじっと見てきました。それはとても怖い体験でした。暗いところで、目を開けていても見えるのでした。ずっと見えているのではなく、しばらくすると消えました。いろいろな不気味な顔が、次々と、あちこちに現れました。

　また、血しぶきが見えることもありました。一面の血の海が見えることもありました。

　血のイメージがまとわりついて離れませんでした。刺された自分の視覚表象が浮かんで、なかなか消えないこともありました。死がとても近い感じがしました。

　そして、悪口の幻聴がまた聞こえるようになってしまいました。子どもと一緒にレストランに行ったりすると、よく悪口が聞こえました。悪口の内容は、私に関するすべてが対象でした。太っている、ブスだ、性格が悪い、服のセンスが悪い、食べ方が汚い、ナイフやフォークの使い方がおかしい、つまらないことばかり話す、など、すべて現実に聞こえてくるのでした。すぐ近くの席の人が言う時もあれば、遠くの方からこちらをチラチラ見ながら言う人もいました。症状を子どもに悟られないように、平然とした素振りを心がけるも、心の中は穏やかではありませんでした。一度、悪口が聞こえてくると、悪口の種類が増えたり、悪口を言う人の人数が増えたりして、どんどんエスカレートしていきました。

　悪口は、幻聴と理解できているつもりでいても、とても自分の頭の中だけで起きている現象とは思えない臨場感で迫ってきました。みんな私のことをよく見ていて、私の容姿のこと、私の性格のこと、私の服装のこと、私の食べ方のことなど、ひそひそと、私に聞こえるか聞こえないかくらいの大きさの声で話すのです。指をさされたり、ため息をつかれたり、舌打ちをされたりもすることもありました。ため息や舌打ちの音も、実際と同じ音が、確かに聞こえてくるのでした。我慢していると、悪口はだんだん激しくなってい

くのです。あのウェイトレスがこう言っているとか、あそこの席の人がこう言っているとか、誰が悪口を言っているのか、特定できることもありました。最終的にはそこにいるすべての人たちが次々と悪口を言い始め、私は集中攻撃されるのでした。私は居たたまれなくなって、逃げるようにその場から立ち去るのでした。

悪口ではない幻聴も、よく聞こえていたのですか？

はい、いろいろな幻聴が、何度も聞こえてきました。音楽が聞こえる時は、不思議な気持ちになりますが、それほど不快にはなりませんでした。聴いたことのない、クラシックのような曲がよく聞こえてきました。エアコンなどの機械音の中にも、リズムが感じられました。ラジオが鳴っていて、それを聴いているような感じでした。ただ、音が大きくてうるさく感じることはありました。もしこれらの音を楽譜に書き留められたなら、作曲家になれるかもしれない、との誇大妄想に繋がることが、まれにありました。トイレや浴室では、子どもの声が聞こえてきました。子どもは一人だったり複数人いたりするのですが、話しかけてはこないので、私はただ聞いているだけでした。家の外で話し声が聞こえる時は、本当に二人以上の人たちが集まって会話しているような気配がしました。だいたい、男の人と女の人が混ざって、ざわざわと何かについて話し合っているような感じがしました。そんな時は、窓の外を何度も確認しました。誰もいませんでした。耳を塞いでも、幻聴は聞こえてきました。幻聴は、自分のまわりを取り囲んでいる空気の、自分への強い圧力のような感じで迫ってくるのでした。

また、私には、二種類のパラレルワールドがありました。パラレルワールドとは、私たちが生きている世界と並行して存在する、同じ次元の別世界のことです。SF作品の題材としてよく用いられる概念です。ひとつには、真逆の要素から成り立つそれぞれの世界、それらは、現実と虚構、正気と狂気、

光と闇、存在と無、などといったものでした。それらはお互いとても近いところにあって、私はそれら二つの世界を行ったり来たりしていました。あるいは、私の身体はひとつですが、精神が二つに分裂して、二つの世界に同時に存在しているという感覚でした。そして、もうひとつのパラレルワールドは、妄想と現実の世界でした。私は、妄想の世界に住みながらも、一方では普段通りに生活をしていました。非日常体験をしながらも、精神科に通院して自分は統合失調症だという話をしていたりと、それら二つの世界に同時に住むことができ、住み分けができているという状態でした。

> 妄想の世界に住みながらも、家庭や社会という現実の世界にも住んでいて、それらの使い分けができることを、「二重見当識」と言いますね。

　私には統合失調症だという病識はなかったのですが、この「二重見当識」の現実的で健全な部分があったおかげで、自立した生活が送れていたと考えることができますね。二重見当識の仕組みも不思議ですが、記憶についても不思議なことがあります。覚えておきたかった大切な記憶が、なくなってしまったのです。両親からは間違いなく愛情を受けて育ってきましたが、その頃の大切な記憶がなくなってしまったことを、とても残念に思っています。正確には、私の記憶と現実が一致しない、つまり私は記憶違いをしていたのでした。

　私には、自分がネグレクトという虐待を受けて育ったという誤った記憶が、ある時点から形成されていて、かつての友人たちにも自分は虐待されて育ったのだという話をしてしまっていたのですが、そのような事実はありませんでした。私が子どもだった頃の写真を見ると、どの写真も家族みんな笑顔で写っていて、特に私は母と手を繋いでいたり、腕を組んでいたりしていて、仲が良かったことや、とても大事に育てられてきたことに疑いようがありません。

> はっきりと覚えている記憶もあるのですね。いちばん古い記憶はどのような
> ものですか？

　最も古い記憶は、私が赤ちゃんの時のものです。眠っている時に、頭の中
に、何やら面白いものが浮かんでいたので、楽しい気分になって、にこにこ
笑っていました。ふと目を開けると、父と母が私の顔を覗き込んで、にこに
こ笑って私を見ていました。私は、無防備な笑顔を見られてしまって、はっ
と我に返り、急いで真顔になったことを覚えています。次に古い記憶は、ハ
イハイをしていた時のものです。窓から差し込む太陽の光によって、床に明
るい光の部分と暗い影の部分がはっきり分かれてできていました。私は明る
い部分でハイハイしていたのですが、少し進むと暗い部分に入ってしまう、
不思議だな、と感じていたことを覚えています。

　幼い頃から人見知りが強く、非常におとなしい性格でした。特に男の人を
見るといつも泣いていたと、母が何度か言っていました。また、妹が生まれ
たばかりの頃には、妹の泣き声がストレスだったらしく、頭に十円禿ができ
てしまったため、私は祖父母と一緒に夜は眠っていました。祖父母が私のた
めに丁寧にシーツを重ねて敷いてくれている姿や、暗い和室でボンボン時計
の音を聞きながら、祖父と祖母の間に、川の字になって寝ていたことを、よ
く覚えています。祖父母も両親もやや過保護気味で、私は家の中で大事に守
られ、妹と家の中でばかり遊んでいました。家の中に木のすべり台があり、
それで妹と一緒に遊ぶことが好きでした。家の中でゴム跳びをしたり、竹馬
も家の廊下でやっていました。とにかく外に出ることや人と会うことが苦手
でした。来客があると、わーっと逃げて、その人が帰るまで、妹と一緒に二
階のトイレに隠れてじっと静かにしていたことを覚えています。

　また、ある時、保険外交員が来て、鳥の絵を描いて欲しいと頼まれた時に、
私は柵で厳重に囲まれたところに小さな鳥を二羽描いて渡したことを覚えて
います。幼稚園では、工作をしたり、音楽を奏でたり、先生のお話を聞いた

りして、楽しかったように思い出されますが、幼稚園で誰かと会話をした記憶はありません。ひな祭りの工作をした時に、同じクラスの女の子から、「お雛様の服を紫で塗ってはダメだよ、紫は男の子の色だよ。」と言われて、私は何も言い返せず、黙って聞いていましたが、心の中では、どんな色を使ってもいいんだよ、と思っていたことを覚えています。

> 認知の仕方に異常をきたしていたことは、統合失調症の症状のひとつの可能性がありますね。記憶、特に自分自身のアイデンティティ（自己同一性）を形成するような記憶のことを、「自伝的記憶」と言いますが、統合失調症の人は、自伝的記憶の具体性が低く、体験したことが自分自身の経験になりにくいという特徴があるようです。

　私の自伝的記憶が、現実に残されている証拠と一致しないという事実について、私が通っている精神科の主治医に聞いたところ、離人症の一種ではないかとの見方をしていました。向こうの態度は変わらないのですが、私の感じ取り方が変容してしまったということのようにも感じられ、統合失調症の妄想気分に近い感じのものでもあると言っていました。忘れてしまった記憶は元通りには戻らないままですが、今では間違った記憶を間違っていたとわかり、正しく修正しようと努めています。

　そしてある時、私は、たいへんなことに気付いてしまったのです。

> どのようなことに気付いたのですか？

　今まで暗闇の中にうごめいていた不気味な何か、その正体が、わかったのです。今まで私が神だと信じていた存在、それは実は、死神だったのではあるまいかという気付きです。私を高い場所から飛び降りさせようとしたり、駅のホームから線路に飛び込ませようとしたりして、私の身体を死なせよう

としていたのは、死神の仕業だったのかもしれない、と。いつも引き込まれ
そうになる暗闇の中には、きっと死神の支配する世界があるのだと思いまし
た。死神は、私の身体を死なせて、精神だけ持っていくつもりなのでした。
神の声が聞こえ始めた時期に、目を閉じると見えていた暗闇の中の怖いイ
メージ……。それは死神の姿に他なりません。神の本当の姿は、死神でした。
その突然の気付きに、自分でもたいへん驚いて、とても恐ろしいと思い、
ショックを受けました。40歳の頃です。私は神を、疑ってしまいました。次
に起こることは……、高い場所からの飛び降りの命令に違いありません。私
はその予感に、恐れおののいていました。次にいつか下されるであろう命令
には、もう逆らえないと感じていました。

　そのような考えが強くなり、また何度も同じ考えにとらわれるようになっ
てきました。昔の妄想が再燃し、再発したくないと思う自分と再発に憧れる
自分とのアンビバレンスが見られました。睡眠薬を飲んでも眠れなくなりま
した。暗闇で見えていた不気味な化け物の顔は、明るい昼間でも、家の外で
も、現れるようになりました。血のイメージもより強くなり、日常的に血し
ぶきが見えるようになりました。それで、私は精神科の診察日に、このよう
に主治医に訴えたのです。

　「死がとても近い感じ。小さい頃から、生きている実感がない。次こそは何
か大きなことになるんじゃないかと思う。一方で、子どもが私を必要として
いる、子どもと一緒にいたい。生きている実感って、これかと思う。再発し
たくないと思ったり、再発に憧れる自分がいたり。薬も、飲む時に毎回悩む。
飲んで今が楽になっても、統合失調症自体が治るわけではないし、苦しいの
が長くなるのだったら、いっそ再発して、死神の声が聞こえるように戻って、
言う通りに飛び降りたりして、死んでしまった方が楽なんじゃないか。」

　アンビバレンスが強く現れていますね。薬を飲むことに、強い抵抗感がずっ
とあったことが伺えます。

　はい、その通りです。このように主治医に話したところ、きちんと服薬を守っていないことが問題だととらえられたのだろうと思います。確実に薬が身体に入るよう、注射の薬に変更になりました。持続性注射薬（LAI）という種類のものでした。

> 持続性注射剤とは、注射した筋肉内の部位に薬がとどまって、徐々に血液に取り込まれていくため、即効性はありませんが、一回の注射で2～4週間効果が続くものですね。

　はい、病室のベッドにうつ伏せに横たわり、おしりの筋肉に注射をされるのでした。この頃の私には、自分はキリストの再来であるとの妄想がありました。離人感もひどくありました。突然涙が出て止まらないことも、よくありました。涙が出てくるのは、世の中を憂えているキリストだからだと感じていました。私は、いつか下されるであろう命令に従って飛び降り自殺をすることと、かわいい子どもたちを育てるために神の命令に背いて生きることとの二者択一を迫られていました。私は自分の意思で、後者を選びました。

> 発病時の体験を、昨日のことのように語るようになることは、見逃せない再発のサインですね。

　はい、間違いなく、再発のサインでした。注射の薬は、最初のうちは頭の中がクリアになって、気分もすっきりして、とてもよく効いていました。しかし、だんだん、副作用のせいか、または症状に対して薬が強すぎていたせいか、具合が悪くなってきました。よだれが垂れて、一日中眠くてだるくて、起き上がっていることが苦痛になりました。主治医に身体の不調のことを話して、今までの錠剤に戻してもらいました。しばらくして、よだれは止まり、体調は落ち着いてきましたが、その間に、下の子の元彌を施設に預けようか

という相談が夫婦間でなされていました。私の自殺願望が強まってしまったためでした。児童相談所にも相談に行き、入所施設の説明を受けました。しかし、元彌の受け入れ先はありませんでした。どこも定員がいっぱいで、すぐには入れないということでした。次第に私の具合は良くなってきて、元彌の施設入所の話は自然となくなりました。

もうひとつの生きづらさ

檸檬さんが妄想の命令に従って飛び降りたりしなくて、安心しました。お子さんを育てることは、檸檬さんにしかできない、使命ともいえるものです。檸檬さんはなすべき選択をすることができましたね。

　ありがとうございます。下の子の元彌は、重度の知的障害を伴う自閉症なのです。1歳7か月の時に自閉症であるということがわかってから、たびたび元彌の将来を悲観し、心中を考えたりしていましたが、それは自分自身の希死念慮に起因することであると気付きました。
　5歳6か月でやっとバイバイができるようになると、元彌の成長に大きな希望を感じました。希望は、一面の氷の世界を融かし、私は自分自身の神との決別の時が近づいてきたことを悟ったのでした。

今までの経過がよくわかる記録ですね。元彌さんの自閉症の受け止め方が、今後の檸檬さんの回復にとっても、鍵になっていくのではないかと思います。

　そうですね、自閉症については、当時は何の知識もなく、ただ絶望するしかありませんでした。元彌がお腹の中にいた頃のことや、出産した時のこと、まだ小さな赤ちゃんで、オムツを替えたりミルクを飲ませたりしていた頃などが、思い出されます。どんな子が生まれて来ても、一生懸命育てる決意を

したあの日が、母親としての私のスタート地点でした。私自身も、母親として、子どもたちと一緒に成長していく必要があると感じます。自分自身のためにも、そして家族みんなのためにも。

> ご家族との繋がりを、大切にされていますね。

　はい、一年後、ムンクの絵画を鑑賞するために、家族で美術館に行きました。印象に残る作品はたくさんありましたが、代表作の「叫び」は圧巻でした。ムンクは統合失調症だったのではないかというような記述をよく見かけますが、私は叫びからは、統合失調症の陽性症状へと発展していくであろう前段階の、妄想気分を連想しました。周囲の歪んだ景色が、何か不穏なことが起こりそうな不安な気持ちを表現していると思いました。絵の具の混ざり具合は、私が感じる混沌の状態に近いものがありました。耳を塞いでいるのは、幻聴から逃れるためというより、聞こえている物音が幻聴なのか、それとも現実の物音なのか、確認をするためかな、とも思いました。幻聴とは、耳を塞いだところで聞こえなくなるものではありません。または、周囲の歪みに伴って、自分の存在も歪みゆく不安に恐れおののいて、正気を保とうと顔をしっかり押さえている姿かもしれない、と思いました。

　それからまた一年経って、私には大きな気付きがありました。43歳の頃、ようやく一つの結論に辿り着いたのです。それは、この世界は一つしかなく、自分も一人しかいない、私は自分の内側にいくつもの世界、いくつもの自分を作り出さざるを得ないような精神状態にあったのだ、という気付きでした。この気付きはたいへん衝撃的で、まさに目から鱗が落ちる思いがしました。私は、自分のこの病気の仕組みを、身をもって理解することができたのでした。

　神の声を聞いてからの29年間が、ずいぶん長かったような、あっという間だったような、両方ともに当てはまるように感じられました。途中から、私は統合失調症という病気なのだと頭では理解できていたつもりだったものの、

感覚としてつかめて、すとんと腑に落ちたことは、これが初めてのような思いでした。

明らかな症状が現れ始めた14歳の頃と比べてみて、どう感じられますか？

　何か本質的に変わったということはありません。このような気付きに辿り着いたにも関わらず、私はまだ、神を、神という幻想を、捨て切れてはいません。いつまた再燃、再発しかねない危うさを抱えている状態が、私の実態なのでした。神のみつかいであるという考えは妄想だったとわかったと述べつつも、まだ妄想は残存しているようでした。

　しかし、神は時々、その存在を知らしめるかのように、私に秘密のメッセージをテレパシーで伝えてきますが、その頻度は低くなってきています。今では、神のみつかいとして自分の果たすべき役割が何なのか、よくわかりません。神を感じると、すべての神経が覚醒し、空虚感が光で一瞬のうちに満たされたような恍惚とした気分になります。しかし、すぐに闇が呼び寄せられ、私は闇の支配下に置かれ、結果として、いつも具合の悪い状態になります。私が神だと信じてきた存在は、もしかすると、私だけに特別な意味のあるものであり、私以外の人にとっては、何の意味もないものなのかもしれないと、最近は思うのです。私の神の存在は、本当の神の御業によるところのものだったのかもしれないが、真実はわかりません。

　私の神は、苦悩から救ってくれる存在ではありませんでした。私の神は、困難を与えて私を試しました。これまで、私は与えられた試練を乗り越えてきました。この世界で生きていくにはあまりにも弱かった私を、強くしてくれるための試練であったのだと、私は思いたいです。虚構も狂気も闇も無も、すべてはこの世界にあるべきものでした。私は二つの世界を行き来していたのではありませんでした。自分が二人いるようだという感覚も正しくはありませんでした。この世界は、一つしかないのです。自分も、一人しかいない

のです。私は自分の内面に、世界をいくつもつくったり、もう一人の自分を生み出したりせざるを得ないような精神状態にあったのだと気付きました。43歳になり、ようやくそのような結論に辿り着きました。私の神は暗闇に潜んでいて、私の隙を窺っているが、それはもう恐怖ではありません。私は、これからも私の神との共存を望んでいます。

回復に向かって

> 檸檬さんは統合失調症をある程度は克服できたという感じがしているのですね。自信が持てるようになって、本当によかったですね。

　はい、まだ症状は残っていて、完全に克服できたわけではありませんが、この自信があれば、統合失調症については、これから先どのような症状が現れたとしても、大丈夫な気がしています。具合が良くない時には、私は極端な考えになってしまうのですが、主治医の言うように、現実との区別がついていればいいのだと考えられるようになってきました。自分でも、もっと統合失調症について、きちんと知る必要があると感じ、『精神症候学　第2版』（濱田, 2009）、『精神医学エッセンス　第2版』（濱田, 2011）など、精神科医が著した書物から、統合失調症の症状について、その仕組みについてなどを、自分なりに調べるようになりました。

　また、私の妄想パターンがだんだんわかってきました。必ず、神が登場して、自分は神と近い関係にある特別な存在であるために、いろいろなことを知ってしまっていて、迫害を受けている、というようなものです。不思議に思うかもしれませんが、私はずっとこの病気と一緒にいたいと思います。私から統合失調症の部分がなくなったら、もっと楽に生きられるかもしれませんが、それは自分ではないと思います。私は物心ついた頃から、統合失調症と一緒に生きてきました。現実に真正面から立ち向かえなかった時など、統

合失調症のおかげで切り抜けられていたこともあったかと思います。病気に依存的になってしまう時は、自分が弱っている時だとわかります。とても健康的で元気な時には、統合失調症の症状は気になりません。私の場合、この病気の症状は、現れたり消えたりしているのではなく、実は常にあるもので、私の状態によってその症状が感じられたり感じられなかったりするのだと思っています。自分の考え方によって、病気の症状もよく思えたり悪く思えたりします。

> 具合の良くない時もあるようですが、檸檬さんは統合失調症と上手に付き合えるようになったと感じます。

　はい、自分でもわりとそう感じられていて、自信が持てるようになりました。病歴も長くなってきたので、自分がどんな時に正気と狂気の境界線上の狂気側に行ってしまうのかが、わかるようになってきました。頭の中をフル回転させてしまうと、必ず具合が悪くなります。頭を疲れすぎの状態にさせないように、完全燃焼させないように、常に60〜80％の力までしか出さないように、気をつけています。全力を出せないもどかしさが苦しくて、統合失調症を呪う時があります。本当は、好きなことには熱中して、全力投球して、燃え尽きたいです。でも、そうすると本当に頭の中が燃え尽きてしまうので、我慢しなければなりません。現在、大きく残っている症状は、離人症、暗闇で不気味な顔が見えること、関係妄想です。

> 離人症については、離人症そのものの治療法は確立されておらず、有効性が証明された薬もありませんが、自然に治ることもあるようです。

　私の場合は、統合失調症の症状のひとつとして現れているため、統合失調症の軽快化に伴って離人症も少なくなっていくかもしれません。逆に言える

こととして、離人症がひどい時には、統合失調症の状態も良くないというこ
とです。離人症がひどくてたまらないといった時には、氷を触ったり、大音
量で音楽を聴いたりするなど、触覚、聴覚、嗅覚、味覚、視覚の五感を活用
して、自分自身が現実世界と繋がっているという感覚を取り戻す方法が推奨
されていたりしますが、私の場合、実際には離人感に流されてしまって、気
付いた時には自分では何もできる状態ではないという時がほとんどです。

> 暗闇で不気味な顔が見えるという怖い症状は、以前からありましたが、まだ
> 続いているのですね。

　はい、もし暗闇で見える不気味な顔の数が、これ以上、あまりにも増えた
り、不気味な顔が本気で死を迫ってくるようになったら、私は将来自殺をし
てしまうのではないか、と思うくらい、不気味な顔は私に恐怖を与えてきま
す。そのことについて、主治医に相談をすると、発狂恐怖的なものは薬を増
やすことでコントロールが付くだろうとのことでした。また、不気味な顔は
幻覚と割り切って、現実との区別をつけるようにすることだと言われました。
　私の場合、誰かに監視されている、警察に見張られている、インターネッ
トに自分のことが書かれている、盗聴されている、悪口を言われている、み
んなが自分をチラチラと見ている、すれ違う人が自分を襲おうとしている、
などの関係妄想があります。関係妄想についても、薬を増やすことで、楽に
なれるだろうと伝えられました。

> いずれにしても、薬をこれ以上減らさずに、各症状と上手につきあっていく
> ことが良さそうですね。

　はい、薬はもう勝手に減らしたりしないように、気を付けます。ある日の
診察では、私は主治医にこう訴えました。

「急に涙が出ちゃって、すみません。わからない、一昨日もこんなふうに
なった。一昨日は息子の将来を考えてしまって泣いたと思う。今はよくわか
らない。全体に、怖い顔が見える。目を開けていても、閉じていても、暗く
しても見える。家で家族と話していても、口だけ動いていて、私がしゃべっ
ているんじゃない、勝手に言葉だけ、全然私の意見じゃないのに、しゃべっ
ちゃう。会話になると、まるで本当の自分じゃない感じ。顔の表情も自分
じゃない。自分がしっかりしてない感じ。本当の自分は遠くにいるというか、
幽体離脱みたいな感じ。自分の考えを収めておくことができない。これは家
族にも言わない方がいいと思うようなことでも、言ってしまう。子どもの教
育によくないことなんかも言ってしまう。夫が、「そうじゃない考えもある
よ」、とカバーしてくれるようなことを言うと、「ああ、私は言っちゃいけな
いことを言っちゃったんだ、私はこんな人間だったっけ」、と自分で嫌に
なる。」主治医は、この訴えは、典型的な統合失調症らしいと言って、薬の
増量を勧めました。

> 檸檬さんは自分のことを、とても客観的に見ることができていて、驚きを感
> じるほどです。

　そうかもしれません。離人症である期間があまりにも長く、幽体離脱して
自分を眺めていることに慣れてしまっているせいか、それとも他の理由から
か、わかりませんが、私は自分を妙に客観的に見ることができます。主治医
から見て、私は身だしなみを整えることや礼節をわきまえることができてい
て、話もまとまりがあり、あまり統合失調症らしく見えない時も少なくない
らしいのですが、しかし私には、このような訴えがたまにあり、抗精神病薬
が必要だと、主治医は言います。私も、自分には抗精神病薬が必要だと思い
ます。もう少し薬を増やしてもいいくらいなのだと思いますが、副作用のつ
らさもあり、薬の増量は慎重にやっていきたいです。主治医からは、頭で考

えることと実際に実行することとの間には、かなりの隔たりがあるから、妄
想と現実の区別がついていれば、どんな妄想があっても大丈夫だと言われて
います。いろいろな症状が出ても、症状と現実を区別して、現実に重点を置
いて、現実的に生きることを目指したいです。

> 檸檬さんは自分で思っている以上に、現実的な思考ができていると感じられ
> ています。

そうだったら嬉しいことです。最近自分で思うことは、喜怒哀楽の感情が
自分で感じられて、顔の表情が以前よりは豊かになったということです。昔
はポカンとした幼い顔つきをしていたけれど、だんだん年齢相応になってき
たかなと思います。主人からは、子育てで苦労をしているからいい顔になっ
てきたね、と言われます。私の顔つきがしっかりしてきたのは、それもある
と思いますが、統合失調症が良くなってきたからというのがいちばん大きい
のではないかな、と私は思っています。

> 統合失調症と上手につきあうポイントのようなものはありますか?

それは病識の獲得だったり、統合失調症の症状があることを認めて自覚す
ることだと思います。私は時々、自分が統合失調症であることを、忘れます。
獲得したはずの病識は、何度も失われます。そのたびに、少し具合が悪くな
りますが、再び病識を獲得し、それまでよりも上手に症状をコントロールで
きるようになっていきます。経験から、対処法を学ぶことができます。自分
の体験をメモしておいて、見直してみると、どんな時に具合が悪くなりがち
なのかがわかってきて、対策が立てられるかもしれません。自分の精神状態
を自分で観察すること、すなわち、セルフモニタリングができるようになっ
てきたと思います。また、私には確かな二重見当識があり、妄想や幻覚のた

めに日常生活が破綻してしまうようなことはありません。二重見当識は、今まで失われたことがありません。二重見当識があることは、統合失調症の特徴のひとつなのではないかと私は思います。

病気の自覚がポイントと言えそうですね。セルフモニタリングをすることで、具合の良い時とそうではない時と、わかってくるのですね。

　はい、自分で自分の状態が、わかるようになってきました。具合が良い時には、テレビのバラエティ番組が見られるようになりました。だいたいの時、テレビは私には視覚的な情報量が多過ぎて、頭の中が高速回転したり、疲れて気分が憂鬱になる原因になっています。頭の中の高速回転は、症状の悪化の兆候で、高速回転を早い段階で止めないと、私はまた神に近い存在になっていき、どんなことでも妄想的解釈をするようになります。高速回転中は、自分で話している時も自分が話しているのではないという感じが強くなります。遠くで見ている自分がいて、話しているのは自分ではないというような感じがして、次々と自分の意思に反した考えが沸き起こって、勝手に口をついて出ていってしまいます。それなので、テレビが見られる時は、調子が良いのだと察することができます。

　テレビと同様に、インターネットができる時も、調子が良いのだとわかります。具合が良くない時には、知らない人から悪口を言われていると思ったり、知らない人から監視されていると思ったり、いろいろな書き込みが全部自分に関係しているように感じるからです。特に具合の悪い時には、文字が私に迫ってくるような感じがあります。例えば、統合失調症、という書き込みを見ただけで、画面の向こうの誰かが、おまえは統合失調症だ！　と責めてきて、私はどこにも逃げられないと感じるのです。

具合の悪い時には、そのように困った感じ、生きづらさになるのですね。

　はい、生活の中で感じる困り感、それが生きづらさと言えるかもしれません。どんな生きづらさがあるのか知ることによって、自分とはどのような人なのかを知ることができると、前向きに考えています。まずは、知ることが、病気の回復への第一歩だと思います。障害のもととなっている疾患や症状について知ることで、暗闇の中にも少しずつ道が見えてくるだろうと思います。

適切な治療

病気の自覚の他にも、檸檬さんに合った薬と出会えたことも、回復への大きな要因ですね。統合失調症の治療では、薬物療法が必須とされていますね。

　はい、自分に合う薬に辿り着けるまで、いろいろな薬を飲みました。また、服薬については、思うことがたくさんあります。服薬の中断は、再発が起こる最大の原因だろうと思います。脳内伝達物質に作用する精神科の薬への不安があったり、気の進まない服薬を続けていると、服薬がつらくなってしまう時があります。服薬がつらくて、泣きながら飲むこともありました。少し具合が良くなってくると、自分はもともと病気ではないんだ、と思う時や、自分はもう薬を飲まなくても十分良くなっている、と思う時、薬は効いていないんじゃないかと思う時がありました。そういう時が、誰にでも一度はあるのではないかと思います。また、あまりにも服薬がつらいと思う状態が続いていると、ついうっかり飲み忘れてしまったら、その後具合が大丈夫そうだからと判断し、そのまま飲むことをやめてしまったり、自分の意思で薬を急に飲むことをやめてしまったりしたこともありました。

薬を飲むことに、抵抗を感じてしまうのですね。服薬の中断は、誰にでも起こり得る問題のようですね。

　はい、薬を中断してしまう原因のひとつには、病識の欠如があります。自分は病気で、この病気には薬が必須なのだ、という意識が薄れてしまった時、減薬や断薬に走りやすくなってしまうのですが、常に自分は病気なのだと思い続けていることは、本当に苦痛でやりきれません。どうしたら薬への抵抗感を減らすことができるでしょうか？

　そうですね、たとえば、薬はお守り代わりなのだと思うようにするのはどうでしょう？

　それはとても良い考え方だと思います。具合の悪い時はわりとすんなりと服薬を受け入れられるものなのですが、飲むことをためらいがちになってしまう具合の良い時にこそ、この、「薬はお守り代わり」、というアイデアを思い出し、服薬を忘れないようにしたいと思います。

　薬には副作用のつらさもあると話していましたね。

　はい、薬を中断してしまう原因のもうひとつには、副作用のつらさがあると思います。どの薬剤にもあてはまりますが、薬剤には必ず効果がある反面、多かれ少なかれ副作用もあります。抗精神病薬は、他の薬剤に比べて、比較的副作用が出やすいと言われています。私が抗精神病薬を何種類も変更してきた理由は、その副作用がつらかったためです。唇がむずむずして不快なので、わざと尖らせたりしていないと、唇が変形した形で固定されてしまう感覚がありました。腕や脚がピリピリとしびれているような感覚のために、思いっきり筋肉を伸ばしたりしないと耐えられない不快さがありました。口が思うように動かず、呂律が回らないこともありました。手や手指が震えて止まらないこともありました。副作用のつらさのために、眠れないこともありました。プロラクチン濃度の上昇については、高プロラクチン血症になると、

不妊の原因になってしまうので、妊娠を希望するようになってからは、血液検査を受けて、高プロラクチン血症になっていないことを確認していました。

　体重増加については、症状が落ち着いてきて、精神的な余裕ができるようになってから、私の場合、みるみる体重が増えていきました。それまでは、いくら食べても太らないというわけではありませんでしたが、食べている量の割には太っていませんでした。自覚していた以上に、活動量が多かったのかもしれません。

> 抗精神病薬の副作用に対する治療薬を、一時的に併用するという方法も考えられますね。

　私は副作用を止めるために、アキネトンという薬を飲んでいたことがあります。鬱の症状も見られたために、鬱に適応する薬と、不眠症のために、睡眠薬が処方されたりしていました。抗不安薬や睡眠薬によっては、日中に眠気が強く、頭がぼーっとして何もできないという症状が見られることがありましたが、それらの種類や量についても、その都度、主治医と相談して決めていきました。

> 信頼できる主治医と出会えたことも、回復への大きな要因ですね。

　はい、私は井上先生から勧められた精神科に通い、相性の合う良い精神科医と巡り会うことができて、幸せだと思っています。何の情報もない段階からの精神科選びは、難しいと思います。どこの精神科にかかろうか、ということは、精神科の受診を決めた時に、多くの人が悩むことだと思います。私は主治医の異動に伴って、あちこちの精神科に通いました。主治医が海外に行ってしまっていた期間や、私の引っ越しのために距離的に主治医のところへ通えなくなっていた期間には、自分で精神科を探して、とにかく診察は受

け続け、薬は絶やさないようにとやってきました。現在も、私は、自分のことを初期の頃から診てくれていた主治医の診療を、継続して受けています。精神科医との相性が、治療の上で最も大事と考えます。信頼関係が築けなければ、核心的なところまでの話はできません。

> 相性が合うと感じられる精神科医との間に信頼関係を築き、共感的な心理的支援を受けるということが、大切なのですね。

　はい、共感的な心理的支援は、欠かせないものだと思います。統合失調症は、生涯にわたって抱えることになる疾患です。心理的支援があることによって、自分の病気を理解しようという気持ちを後押ししてもらえたり、処方通りに服薬しようという前向きな気持ちになれたりします。

> リハビリテーション・プログラムなども、回復の助けになりそうですね。

　私の場合、症状が落ち着いてきてからは、薬を飲むだけでは満足する治療にはなっていないと感じるようになってきました。機会があれば、自助グループなどの当事者の集まりに、定期的に参加できたらいいなと思っています。以前、統合失調症の当事者の集まりに数回、参加したことがあります。当事者しかいないという安心感から、何も話せなかったとしても、居心地の良さが感じられ、多くの人の悩みに共感し、貴重な体験を共有することができました。

家族に支えられて

> 悩みを話せたり、共有できる居場所があることが良かったのですね。

　はい、自分一人の力だけで良くなろうとすると、つらくなってきてしまいます。この病気になると、人とのコミュニケーションに困難さを感じるようになります。孤独を感じ、追い詰められた状態になることは、避けたいです。人と接し、誰かと会話をすることで、思考に現実味が出てきます。だからこそ、気の許せる人とのコミュニケーションが、大きなリハビリテーションに繋がるはずだと私は思っています。

> 人と接することが、病気の回復に大きな役割を果たすということでしょうか？

　はい、安定した人間関係の中で、自分が安心していられることが、薬による治療以外に最も大切だと思います。何も話さなくても、ただそこにいるだけでいいとお互いが思えたり、何かおかしなことを話してしまったとしても、頭ごなしに否定することなく、ありのままを受け入れてくれるような温かい雰囲気のある人間関係は、理想的です。
　「お母さんがせっかく作った味噌汁、ちゃんと飲みなよ。」と、味噌汁を残す私に、父が優しい口調で言ったことを、覚えています。母が毎日、家族のためにお弁当を作ってくれていたことなどが、思い出されます。特別なことをしなくても、日常生活はそのままに、ほんの少しだけ優しい気持ちを持って、接してもらえたらいいなと思います。水をやらないと、太陽の光に当たらないと、花は枯れてしまいますね。私の家族は、水や太陽の光のような存在です。家族がいなければ、今の私はいませんでした。私には、自分の家族が大きな支えになっています。

第2部　自閉症の子と共に

　第1部では檸檬さんが正常と異常の境界を行きつ戻りつしながら、自らの統合失調症という病名を受け入れていく日々が語られましたが、第2部では、第2子に発達障害の境界を体験することになったことの戸惑い、葛藤しながら母親として寄り添っていくという新たな意思が語られます。

第6章　自閉症と気付くまで

私の息子は自閉症

> 元彌さんのお話を聞かせてください。

　元彌は現在、公立特別支援学校の小学2年生です。出生時には何の異常もなく、順調に育っていました。ところが、1歳7か月の頃、全身の退行を示し、別人のようになってしまいました。病院で、いろいろな検査をして、その結果、知的障害を伴う自閉症という診断が下されました。原因は不明で、治療法もないと言われました。

　自閉症だとわかってすぐに、療育を始めました。療育とは、発達障害を持つ子どもの発達を促す総体的な取り組みのことです。3歳までは、地域の子育て支援センターでの集団療育と、大学で行われる発達相談およびプレイセラピーを受け、4歳から6歳までは療育園に通いました。6歳の時に受けた新版K式発達検査では、発達指数29で、知的障害の程度は重度です。小学校入学前の就学相談を経て、特別支援学校に進みました。

突然の退行

> 元彌さんは、突然全身の退行を示したのですね。

　はい、元彌は1歳6か月検診までは、目が合ったり、単語も少しですが出ていて、順調な育ちをしていました。人を見るとにこにことよく笑い、バイ

バイや指差しもできていました。ところが、1歳7か月を過ぎた頃から、そうした姿がなくなったのです。具体的には、このような症状が、急激に出てきました。目が合わない、合わせようとしない、無理に合わせようとすると目をそらしたり閉じたりする。呼んでも振り向かない。あちこちべろべろ舐め、その程度がひどい。両親から離れてどこかへ行ってしまう。表情が乏しく、目がうつろ、ぼんやりしている。一人で布団でごろごろしている。頭をぶつけても痛がらない。つま先歩きをする。その場でくるくる回る。意味のある発語がなくなった。

急にこのような症状が現れたのですね。それはとても心配だったでしょう。

　はい、とても心配になりました。精神機能だけでなく、何もないところで、一日のうちに何度も、転んだり倒れたり、座っていても後ろに倒れたり、つかまり損ねてよろけたりするなど、運動機能にも退行が見られました。発達を専門に診てくれる病院に、すぐに予約を入れたのですが、実際に診察を受けられたのは約2か月後で、その間心配でたまりませんでした。まるで別人のようになってしまい、強い気持ちを持っていないと、私まで壊れてしまいそうでした。

檸檬さんが最初に異変に気付いたのですか？

　いいえ、私の母がいちばん最初に気付きました。離れて暮らしていたので、ときどきテレビ電話をしていました。ある日、母が言ったのです。
　「元彌ちゃん、最近目が合わないね。」次に気付いたのは、和寿でした。「最近、呼んでも振り向かないな。」私はそう言われてから、何かおかしいと、思い始めたのです。元彌はちょうど滲出性中耳炎も患っていた時期だったので、耳がよく聞こえないから振り向かないのだろうと私は思い込んでいたの

です。でも、それから耳鼻科に行くと、滲出性中耳炎はもう完治していると言われました。元彌の異変が明らかになってきました。インターネットでそのような症状について調べると、自閉症もありましたが、他にもいろいろな病気が当てはまっているような気がしました。命に関わるたいへんな病気だったらどうしよう、元彌は生きていけるのだろうか、と、とても心配でした。

> いろいろな病気の可能性も出てきて、心配でたまらなかったですね。

　はい、私と和寿は、インターネットで自閉症の症状や、他に考えられる病気などについて、それぞれ調べました。調べれば調べるほど、不安は募りました。元彌の身に何が起こっているのか、心配でたまりませんでした。私も和寿も混乱していましたが、いちばん混乱の中にいたのは、元彌だったに違いないと思います。一気に退行してしまい、きっと怖かっただろうし、かわいそうに思いました。

消えた言葉

> 元彌さんからは、意味のある発語がなくなってしまったのですね。

　はい、今まで言えていた言葉が、消えました。初めて言った言葉は、「えりちゃん」でした。それから、意味もわかっていて言える言葉が6語まで増えたところで、言葉は「ぱっかー、ぱっかー、ぱっかー、ぱっかー」だけになりました。数日間、「ぱっかー、ぱっかー、ぱっかー、ぱっかー」とだけ言うと、それすら言わなくなり、そして、発語は完全に消えました。元彌の声を、懐かしく思い出します。今でもはっきりと、覚えています。ちょっと低めで落ち着いた感じの、小さなかわいい声でした。まさか話すことができ

なくなってしまうだなんて、ショックでした。「えりちゃん」「ぱぱ」「まま」「あんぱんまん」「しんかんせん」「せんべい」、たった6個の、大切な言葉でした。全部、元彌の大好きなものでした。アンパンマンは今でも毎日動画を見ていて、いちばん元彌に身近なキャラクターです。新幹線や電車にも興味があり、電車を見ると、一瞬目が大きく見開く時があります。せんべいは、当時ごはんを全然食べなくて、アンパンマンせんべいばかり食べていたのを思い出します。後に、病院の発達相談の人からは、せんべいの食べ方一つを取ってみても、どうやって食べようかなど、いろいろ試すことができ、元彌はせんべいに夢中なのだ、満足するまでせんべいを食べさせてみることも良いことだ、というアドバイスをもらい、少し肩の荷が下りた感じがしました。

衝撃の告知と救いの言葉

病院で良いアドバイスがもらえたのですね。

　はい、相談のみの来院もできる病院だったので、元彌を連れて何回も相談に行きました。どの医療関係者も、親身になって、よく私たちの話を聞いてくれました。

　病院では、血液検査、尿検査、MRI、染色体検査など、いろいろな検査を受けました。染色体検査を受ける時には、迷いもありました。もし遺伝子の異常が見つかってしまったなら、夫婦の関係がぎくしゃくするようになってしまわないか、日常生活を送りつつも、心の底では原因を相手に押し付けるようなことになってしまわないか、との不安や葛藤がありました。でも、元彌の病気が何なのかわかることが最優先でした。どんな結果になっても、家族は崩れないとの根拠のない自信はありましたが、目の前の元彌を見ると、泣き崩れてしまい、おろおろとした態度で、すべてに自信をなくしていってしまうのでした。

　そして、すべての検査結果が出たのですが、なんと、何一つ異常はありませんでした。生命に関わるような病気は、全部否定されました。何の病気でもないことがわかり、狐につままれたような思いがしました。病気ではない、と言われても、全然安心できませんでした。なぜなら、この目の前の元彌は、明らかに通常の状態ではないのですから。検査の数値などの結果を一つ一つ、異常ではないことを説明されました。そして、最終的に伝えられた病名は、自閉症でした。

　自閉症と診断されたわけですね。

　自閉症、私はこの名前を聞いたことはありましたが、どのような症状のものなのか、知りませんでした。インターネットで目が合わないことや呼んでも振り向かないことを調べると、自閉症とは出てきていましたが、まさか自分の子どもが自閉症になってしまったなんて、命には関わらないとしても、とてもたいへんなことになってしまったのだと、瞬間的に悟りました。この告知がされた日は、私も和寿も、たくさん泣きました。私たちの心情にたいへん配慮された形での告知でした。自閉症について説明してくれた医師は、穏やかな口調で、丁寧に話してくれました。

　そして、診察の最後に、「元彌くんは、普通の男の子です。」と、言ってくれたのです。涙が溢れてきて、止まりませんでした。私たち夫婦にとって、それがどんなにありがたい言葉だったか、想像つくでしょうか。今まで普通と思ってきたことが、急に異常になってしまったこと、信じられない転換に、ショックのどん底にいた私たちに、その言葉は一筋の光のように感じました。その時のことは、よく覚えていて、まるで昨日のことのように光景が蘇ってきます。本当に、救いの言葉でした。私はその言葉を、今でも、いつでも心に留めて、元彌と一緒に暮らしているのです。

第7章　手探りの日々

母を求める姿

> 自閉症の診断を受けた後の元彌さんの生活はいかがでしたか？

　2歳の頃には、自治体の子育て支援センターで行われている集団療育と、大学の中に設置されている発達相談室に通いました。集団療育は、週に2回、みんなで遊ぶ活動をしました。ただ遊んでいるだけに見えて、実は職員や心理職の人が個別に対応してくれていました。元彌は、みんなと遊ぶことに参加できたことがなく、いつも一人だけ違うことをしていました。他の子どもたちは、よーいドンで走り出せたり、粘土遊びやシール貼りなどもできていたりして、元彌だけ障害の程度が違うと感じていました。いくら人とは比べないようにと気を付けていても、集団の中では否応なしに、程度の違いを感じてしまいました。自閉症の症状が現れるようになってから、元彌はなぜか高いところにばかり登りました。高い棚やたんすの上によじ登ったり、段差があれば必ず上に乗ったり、少しでも高いところを選んで登っていました。また、つま先立ちをしたり、つま先歩きをしたりして、足の裏を地面につけないようにしているようでした。これは、療育の先生によると、地面からの刺激を減らしたい欲求の表れで、入ってくる情報量を制御しているのだということでした。

　自閉症の人は、自分で処理できる情報量をわかっていて、自分で制限することができるのでしょうか？　自分ができることとできないことがわかっていて、できないことをやらないように避けているのでしょうか？　いろいろ

と疑問に思いました。今までは、そんなに高いところにこだわって登ったり、足の裏を地面につけないようにするなんてことはなかったので、これは自閉症に特有の不思議な行動だと思いました。私は、元彌のつま先立ちやつま先歩きのことは、あまり気にする行動ではないと思っていましたが、和寿や両親たちは気にしているようでした。明らかに普通の子っぽくはない動きに映るので、人目を気にしてしまっていたのだと思います。できるだけ普通の子であって欲しい、異常を認めたくない、認められない、そのような空気は家庭の中にもありました。

今までの元彌さんにはなかった行動なのですね。

　はい、そうなんです。表情もうつろで、全然笑わなくなってしまった元彌は、本当に別人になってしまったかのようでした。カメラを向けても、無反応になってしまいました。私は悲しくて、ショックで、この頃の元彌の写真はほとんど撮ることができませんでした。元彌も、自分自身がどうにかなってしまったと感じていたのかどうなのか、わかりませんが、なんとなくどこか寂しそうな顔をしているように見えました。全然笑いませんでした。ぼんやりとした表情をして、空を見つめていました。

母である檸檬さんからは、そのように見えたのですね。

　はい、もしかすると、私の心の投影かもしれませんが、そう見えました。そして、大学での発達相談室では、相談の時間とプレイセラピーの時間があり、月に1回通いました。バスと電車に乗って通っていましたが、元彌はいつも決まった席に座り、窓の外をぼんやりと眺めていました。私には元彌のことが、よくわからなくなってしまった、だけど、元彌とこうして景色だけでも同じものを共有したい、そう思って、バスや電車では、私も元彌の視線

の先を辿っていました。

> 元彌さんに寄り添いたいという気持ちが感じられます。

　私は元彌の状態を良くするために必死で、藁をもつかむ思いでした。大学では、発達を専門に扱っている大学の先生に相談をしたり、心理学を学んでいる学生によるプレイセラピーを受けることができました。発達相談室の入室当初は、目が合わない、呼びかけに反応しない姿がありました。私は、元彌に向かい合って話しかけること、元彌が何かをしたそうにしている場面や困った場面を大切にして「〇〇したいね」と声をかけてから関わることをポイントにして、親子の関係を作っていくようにしたらよいとのアドバイスをもらい、それを実践していました。

　プレイセラピーの初めの頃は、元彌はミニカーを箱から出しては一つ一つ舐め、それをまた箱に戻すということしかしませんでした。プレイセラピーの場所に元彌が慣れてきた頃、トランポリンやポニースウィングなどの好きな遊びの前で数秒立ち止まる姿が出てきたので、その時に「やりたいね」「一緒にやろう」と、私が声をかけると、少し関わりが持てたような実感を得ることができました。

> プレイセラピーの効果が感じられたのですね。

　はい、そうです。発語のない小さな自閉症の子へのプレイセラピーの効果は大きいと思いました。セラピストの学生も、とても優しく接してくれて、最終的には元彌に安心感が育ったように感じました。セラピストが少しずつ元彌との距離を縮めていきながら、絵本やおもちゃに興味が持てるようにと関わってくれたおかげで、プレイセラピーが終わる頃には、笑顔が出てきました。大学の先生も、よく私の相談に乗ってくれて、元彌の見通しとしては、

そのうちお母さんの膝の上に座りに来るでしょう、と言っていたのですが、一年間のプレイセラピーが終わる頃には、本当に私の膝の上に座りに来てくれるようになりました。

それはとても嬉しい成長ですね。

　はい、膝の上に乗ってくれるなんて、とてもかわいくて、嬉しい成長でした。多くの子どもたちを見ている専門の先生は、何でもわかっているんだな、と驚きもありました。最も暗い状況の中、道を探していた幼少期に、良い療育が受けられたことは、本当に幸せだったと思います。また、大学の書架に、自閉症に関する本が何冊かあって、待ち時間に少し読むことができました。『光とともに…』（戸部, 2001）という漫画を読んだ時には、毎回涙が止まりませんでした。同じ境遇の人と、まだ出会えたことがなかったため、誰からも理解されていないのだと感じていた時期に、自閉症の親子の描写は、時に厳しすぎたり、時に優しすぎたりして、大きく心を揺さぶられました。

実家へ避難

家庭での生活はいろいろとご苦労があったのではないでしょうか？

　はい、家庭での生活はたいへんでした。目が合わないこと、呼んでも振り向かないこと、コミュニケーションが全然取れないことが、本当に悲しく、つらく、絶望を感じていました。噛みつきもひどく、私の腕は元彌に噛まれてあざだらけでした。噛みつきへの対応策として、1分間だけ抑えてみることを療育の先生から提案されましたが、全然効果がなく、困り切っていました。叱っても、叱られていることがわからず、やめさせたいことをやめてくれないことも、大きな困り事でした。お風呂の床を舐めたり、シャンプー類

の容器の裏側などを舐めてしまっていましたが、そのことへの対応策としては、お風呂の掃除をするくらいしかなく、自然な成長を待つしかないと言われました。元彌が夜、奇声をあげたり、壁をドンドンと蹴って暴れるという症状が頻繁に起こるようになりました。

　当時、賃貸アパートに住んでいて、寝室がちょうど隣の家庭に面していて、寝室では眠れないと思い、リビングで私と子どもたちは寝ていました。しかし、元彌はなかなか眠りませんでした。病院の発達外来で、なかなか眠らないことを相談したところ、子どもでも飲める液体の睡眠薬を処方されました。私は、自分が睡眠薬を飲んでいて、副作用で日中ぼーっとしてしまうことや、その依存性について心配があったので、元彌には睡眠薬を飲ませる日は来ないだろうと思っていました。ところが、あまりにも眠らなくて、あまりにも奇声が大きく、近所中に響き渡っていて、本当につらくなってしまった時に、飲ませようと試みました。これを飲んで、最後にしようね、と。私の精神状態は、たいへん危ういものでした。母子心中が頭に浮かんでいました。

　睡眠薬で死ねないことはわかっていました。でも、もう死んでしまうかのような言い方でした。しかし、元彌は睡眠薬を口に入れると、ペッと吐き出してしまい、それからどうしても口に入れてくれなくて、結局飲みませんでした。結局元彌は、その日は自然に眠気が来て、眠りました。このままでは危険な感じがしました。私はまた同じようなことをしてしまうと思いました。私は追い詰められていました。元彌の療育が1年間ちょうど終わった頃だったので、私は自分の実家に元彌と一緒に避難することにしました。姉の絵梨も一緒に、実家に帰ることになりました。

> 実家に避難するという、大きな決意でしたね。

　はい、やっぱり元彌を守らなくてはならないという強い気持ちがどこかにありました。実家に戻って、元彌は実家に慣れるまで、リビングのソファの

上からなかなか下りませんでした。元彌は人から触られることを激しく拒否
していたため、私たち誰もが、元彌に近寄れませんでした。声も出さず、何
かにおびえているかのようでした。つらいことはたくさんありましたが、私
にとっていちばんつらいのは、名前を呼んでも振り向いてくれないことでし
た。母親である私のところへ、来てくれないことでした。抱っこしても、体
をよじって、逃げられてしまうことでした。抱きしめたいと思えば思うほど、
元彌は遠くへ行ってしまうことでした。本当だったら、母親にくっついて来
るはずの頃なのに、元彌には私の存在が感じられていないようでした。ある
時、元彌の口からよだれが出ていて、元彌が口を閉じた瞬間に、かわいい！
と大げさに言ってみました。その後、かわいいね！　と言うと、口を閉じる
という行動が、その日数回見られました。

> かわいらしく、嬉しいコミュニケーションですね。

　はい、小さなことですが、とても嬉しくて、今でもその時の元彌の表情は
よく覚えています。

ストライダーの思い出

　3歳半頃は、ストライダーというペダルのついていない子ども用の自転車
に乗ることが大好きでした。和寿の趣味が自転車なので、本当は元彌と一緒
に自転車に乗りたかったことと思い、せつなくなります。元彌はストライ
ダーに乗るのが上手でした。広くて誰もいないところで、縦横無尽に走り
回っていました。ストライダーに乗る元彌を見つめる和寿の目には、ときど
き涙が浮かんでいました。

　和寿は、「元彌が夢の中でしゃべっていたよ。」と私に報告してきたことが
何度かありました。和寿は、今でも奇跡を願っています。自閉症の行動が

あってもいいから、しゃべって欲しいという希望を、ずっと胸に抱えています。初めて元彌が自閉症だとわかった時に比べると、ショックは和らいでいるものの、何とかならないのか、という気持ちが消えることはありません。今では、身体が大きくなって、ストライダーには乗れなくなってしまいました。思い出のストライダーは、今でも家に大切に保管されています。ストライダーを見るたびに、幼かった元彌を、あの頃の私たちを思い出して、せつなくなってしまいます。

たくさんの困り事

　療育園では、場所と活動の結び付きが理解できるようになって、慣れてきましたが、家庭では、家族はとても困っていました。お尻の穴を触って、においを嗅いだり、舐めてしまう行為をやめませんでした。排泄物が汚いという意識がなく、壁やテレビにこすりつけたりすることもありました。やめてと言われても、やめるということがわからないようでした。棚の扉や引き出しを開けて、中に入っている物を全部出してしまうので、家の中はめちゃくちゃでした。大事な物は元彌の手の届かないところへ、つまり高いところへ置かなければならず、不便な生活になりました。突然、何か悲しいことを思い出したかのように、しくしく泣きだすことも多くありました。元彌にも、抑えられないような感情があるのだな、と優しい気持ちで見守ることができる時もあれば、あまりにもその時間が長かったり、頻回だったりすると、何かこちらの対応が良くないために不快な気持ちを思い出して泣いてしまうのだろうか、と過度に心配になってしまう時もありました。このような困り事が、いつまで続くのだろう、と家族はみんな心配だったし、排泄物の後始末にも疲れていました。

　絵梨の運動会がありましたが、元彌を連れていくことができず、家族が交代で元彌の面倒を見ました。親戚の結婚式もありましたが、和寿の両親に元

彌を預けに行って、面倒を見てもらって、出席しました。何かイベントがあるたびに、元彌のことは誰が面倒見ようか、どう交代しようか、と悩みながら、何とかやっていくということにも、疲れを感じていました。

仮の住まい

困り事が多くてたいへんでしたが、家族で協力し合って、なんとかやっていたのですね。

はい、特に祖父母は本当によく協力してくれて、とても大きな支えになっていました。私の話を聞いてくれるということでも、精神的な支えとなっていました。安心して話ができる相手がいることは、とても大切です。特に私は、統合失調症の症状なのか、それとも元来の性質なのか、人間関係を築くことが苦手です。困ったことがあっても、他のお子さんのお母さん方に気軽に話しかけてみたり、相談するといったことができなくて、いつも集団の中で孤立してしまいます。アドバイスは療育の先生に聞くともらえますが、専門的ではない普段の話ができる人は、私の場合、家族しかいません。

ご家族で東京での生活をスタートされたのですね

はい、それに、これまで実家で祖父母と同居していましたが、仕事で他県に単身赴任していた和寿が東京に戻ってくることになりました。和寿は、家族とまた一緒に暮らすために、元彌の障害のことを会社に話して、異動願いを出していました。その願いが遂に叶ったのでした。とりあえずみんなで一緒に住むための仮の住まいは、賃貸アパートで、壁を蹴ったり大きな声を出しても大丈夫そうな角部屋という条件で探しました。運よく、すぐに見つかって、家族そろっての生活が再開しました。

> 和寿さんともまた一緒に暮らせるようになって、安心ですね。

　ええ、でも私は既に疲れきっていたので、実家からアパートへの引っ越しという環境の変化が、少し厳しく感じられました。和寿も、会社内で部署が変わってしまい、新しい仕事や人間関係に疲れきっていました。元彌も案の定、新たな環境になかなか慣れず、ソファの上から下りなかったり、部屋の隅にずっといたりしていました。

垣間見えるコミュニケーション

　元彌はお菓子の袋を開けてもらいたがって、開けてあげるけど、食べなかったり、ジュースのストローをさしてもらいたがって、さしてあげるけど、飲まなかったりしました。冷蔵庫の開け閉めをして、いろいろ持ってくるけれど、食べるわけではないし飲むわけでもありません。ペットボトルの蓋を開けたと思ったら、中の水をこぼしてしまったりしていました。

> 元彌さんは一体何がしたかったのでしょう?

　そうですね、今ならその答えがわかります。きっと、コミュニケーションを取りたかったのだと思います。でも、コミュニケーションの取り方が、元彌のわがままともとらえられてしまうようなやり方だったので、私はとても疲れてしまいました。また、療育園でも、自分の気持ちが伝わらない時に同じクラスのお子さんの手や肩に噛みつくというトラブルが何度かあり、私は謝罪に行ったりしました。療育園のお母さん方は、みんな優しくて、お互い様だから大丈夫ですよ、と言ってくれましたが、私は元彌の噛みつきにもううんざりしてしまっていて、悩んでいました。言葉が話せないから、起きてしまう問題なのかな、と思いました。でも、言葉が話せないからこそ、伝え

たい気持ちを一生懸命表現していることもわかっていたので、元彌を責める
気にもならず、やり場のない気持ちになりました。

療育園のお母さん方には、檸檬さんの気持ちがわかってもらえていたように
思います。

　そうですね。療育園には、いろいろな発達に関する問題を抱えているお子
さんが通っていましたが、特に元彌と同じように発語のないお子さんのお母
さん方とは、話が合う感じがしました。似たようなことで悩んでいるように
思いました。コミュニケーションについては、もちろん元彌の気持ちも大切
ですが、他の人へ譲ろうという気持ちも育つといいなと思っていました。他
者があってこそのコミュニケーションなのだから、譲り合いの気持ちを持っ
て、人と接することができるようになって欲しい、でもまだ難しいことでし
た。私自身も、コミュニケーションに苦手意識を持っていて、子どもにはつ
い理想を語ってしまいますが、自分が実践できているかどうかは疑問です。
コミュニケーションについて私にできることは、元彌からの働きかけがあっ
たら、それにすぐに思いやりを持って応えること、そして適切なタイミング
でその場に合ったことを短い言葉で簡単に話しかけること、それしかありま
せん。

そのやり取りの積み重ねが、元彌さんの糧になってくれたらいいですね。

　そうですね、私もそう願っています。そう言えば、療育の先生から、こん
なアドバイスをもらったことを思い出しました。嫌な時や、自分の欲しい物
と違う時に、元彌は手で相手に押し返していたのですが、そうするのではな
くて、「おしまい」とか「違う」という意味の手の振りやジェスチャーがで
きるようになったらいいんじゃないかとのことでした。「好き・はい」と

「違う・いいえ」この二つのジェスチャーは、はっきりとできた方がいいと言われました。

なるほど、その二つさえできれば、コミュニケーションが成り立ちますね。

　はい、でもその二つだけなのですが、まだ元彌は習得できていません。元彌は、自分の頭をポンと手で軽く叩くことで、返事をしているつもりになっているのですが、どちらも同じジェスチャーになってしまっています。○や×の記号の意味や区別もまだわからず、首を縦か横に振るということにも気付いていなくて真似もできなくて、まわりの大人たちの推測によって元彌とのコミュニケーションが成り立っていると感じています。

「好き・はい」と「違う・いいえ」の表現が、区別してできるようになること、それがいつかは達成して欲しい課題だと願っているのですね。

　そうなのです。自閉症はコミュニケーションの障害と呼ばれることもあるくらいですが、本当に、コミュニケーション力をどう伸ばしていけるか、大きな課題です。元彌の場合、言葉を話せないことや、知的な発達段階が低いこともあり、まずはふれあい遊びでコミュニケーションを取れるようになったらいいなと思います。『発達障害の子が楽しめる　あんしんあそび』（佐々木，2011）という本を、私の母からもらったので、それを参考に、遊びを通して簡単なやり取りができるようになったらいいなと思っています。

第8章　悲観の時期

何かが壊れた

> ご家庭や療育園で、いろいろと困ったことがありましたが、元彌さんのコミュニケーションへの欲求も感じられ、「成長」を感じましたね。

　はい、でも、私は頑張りすぎていました。そしてある日、家族で実家に泊まっていた日の夜のことでした。元彌が、置き時計をわざと落として、そのガラスの部分を踏みつけました。ガラスがバリバリという音を立てて、割れてしまいました。その時でした。何かが私の中で崩れました。それはたぶん、偽りの自分でした。元彌の自閉症を悲観しつつも、平気な振りをずっとしていました。でも、もう平気ではいられなくなってしまったという合図でした。療育園への送迎の時に、お化粧をする気力もなくなり、自分の外見もどうでもよくなりました。

> 元彌さんの自閉症は、まだ受け入れられるような心理状態ではなかったということですね。

　はい、平気な振りをしていただけでした。時間が経つにつれて、悲しみも増していき、私の心は引き裂かれるような痛みを感じていました。

> 元彌さんへの愛情の深さが感じられます。元彌さんの障害についての受け止め方で、悩んでしまうところがあったのですね。

　はい、元彌を施設に入所させた方がいいとの考えが止められなくなり、和寿と一緒に児童相談所に施設入所のための相談に行きました。施設に入所するためには、「措置」か「契約」どちらかの方法しかなく、「措置」というのは福祉事務所が入所先を決定することで、「契約」というのは利用者と入居先が直接契約を結ぶことです。私と和寿は、措置は望んでいませんでした。元彌が入所するならば、面会もできなくなってしまうような遠くには行って欲しくないという気持ちがありました。面会に行けるような距離のところで契約、というと、どこにも空きはありませんでした。待機している人が多いという話を聞きました。施設入所に関しての説明は、淡々となされました。児童相談所での相談では、施設入所への積極的な気持ちは湧いてきませんでした。むしろ元彌は私たちと一緒に暮らすべきなんじゃないか、本心では私も和寿もずっと一緒に暮らしたいと願っているんじゃないか、という本当の気持ちに気付かされた時間でした。

　また、児童相談所には他の親子も何組か来ていたのですが、待合室に、元彌と似たような雰囲気の男の子がいました。元彌より少し大きいくらいで、雰囲気からして、発語のない自閉症であることを察しました。その子は父親と来ていたようでした。父親に抱っこされたり、おんぶされたりして、くっついていました。その男の子が、突然、「パパ！」と言ったのです。私と和寿には、その声が、元彌の将来の声のように聞こえました。

　「パパ！」もう一度、その子が言うと、私たちの目からは、涙が止まらなくなりました。こんなかわいい声を、もう一度聞いてみたい、元彌と離れ離れにはなりたくない、二人とも同じ気持ちでした。

　それからなんとか立ち直ったかのようになりました。施設入所の話は、自然となくなりました。でも、実はその日以来、元彌の対応に困り切ってしまうことがあるたびに、やっぱり施設入所のことが頭に浮かんで、その考え一色になってしまうことには、変わりありませんでした。

育児に関して、深く悩んでしまっているのですね。自閉症の子を育てるということは、並大抵の頑張りようではないという印象を受けています。

　自閉症の子の育児は、いつも綺麗事ばかりいっていられません。心中を考えてしまうくらいに追い詰められたりします。でも、つい綺麗事を言いたくなるのです。それは、偏見を払拭したいからという理由もあります。自分の子を普通の子と思ってはいるけれども、本当は普通とは少し違う感じがする、大きく違っていると思うこともある、だからいつでも普通の子と思えるわけではなく、気持ちが揺らいでしまいます。たとえば、おもちゃ屋さんに元彌を連れて行った時、普通の子ならおもちゃに興味を持って、あれが欲しいこれも欲しいってなると思います。でも、元彌は、おもちゃにはまったく目もくれないのです。元彌の関心のある物と言えば、ペットボトル。その時の、おもちゃ屋さんから何も買わずに出ていく時の私たちの気持ちと言ったら……。だから、綺麗事を言って、収めたくなるのです。

　そして、自閉症の子とうまくつきあっていくために必要なものが一つだけあります。それは、愛情が一方通行でも構わないと思える覚悟です。それはまるで、統合失調症である私が以前、神のみつかいとして、神への無償の愛を貫いていたことに似ています。実在するのかしないのか、よくわからないものが、もし仮にあるものとして、一方的に捧げる愛情が、最後まで貫き通せるかどうかに、懸かっているのです。元彌は、本当は私のことを母親という認識はないかもしれません。あるとしたら、都合よくお菓子が欲しい時にお菓子を取ってくれる人とか、そういう世話人という認識かもしれません。

「母親は世話人」、それでいいのではないか、と思われますか？

　いいえ、世話人だけではやっぱりなくて、母親は世話人以上の存在だろうと思います。元彌にとっての安全基地、安心できる拠点になっていることは

間違いないと思います。小さい頃、私にぎゅっと抱きついて、離れないこと
はよくありました。私が療育園に迎えに行くと、私を見つけて、教室の窓ガ
ラスの近くに寄って来て、私とガラス越しに手を合わせたこともありました。
私のことを、よく認識できています。

> 元彌さんからの愛情が、あまり感じられないことが、原因なのかもしれない
> ですね。

　はい、そうなんです。元彌のコミュニケーション能力の不足が、そう思わ
せてしまっている原因だと思います。目が合わなかったり、合うとしても合
いにくい、呼んでも振り返らなかったり、呼んでも来ない、こちらから触る
と嫌がって手を払いのけたり、逃げていく、遊びと言えば一人で雑誌をひた
すらめくっていたり、物を観察するようにじっと側面や下から眺めて満足す
るとかの一人の世界への没頭。そのような自閉症の特徴が、こちらに愛情を
かけられていると感じられず、こちらばかりが愛情をかけていると思わせて
しまう状況、一方通行の愛を実現させてしまうのです。

かすかな希望

> その他、元彌さんの家庭での生活はどんな様子だったでしょう？

　療育園でいろいろなアドバイスをもらっていて、家庭では写真カードを
作って元彌の生活に取り入れるという取り組みを行っていましたが、うまく
いかない印象がありました。元彌は、写真カードの写真を見ず、カードの材
質そのものに興味を持ち、カードを舐めたり噛んだりして、写真カードの意
味を果たしませんでした。頑張っているのに思い通りにうまくいかないこ
とが続くと、すぐに施設入所のことが頭をよぎるのでした。そんな私の気持

ちを元彌が察してわかっているかのように、元彌は足を引きずって歩いたり
するようになりました。最初、足が痛いのかな？　骨折してしまっているの
かな？　と思って、整形外科に連れて行って、レントゲンを撮ってもらって
調べたりしましたが、何の異常もありませんでした。痛みに鈍いか、痛みを
感じにくいのか、わかりませんが、普段から痛みを訴えることがないので、
いつもと違うことが見受けられると、元彌の状態から推測するか、病院で検
査するしかありません。元彌にも、精神的な何かがあったのだろうと思いま
す。それとも、やはり私の具合の悪さが、元彌に伝わってしまっていて、情
緒不安定になったことが、足の引きずりとして現れていたのかもしれません。

　そんな時期に、印象的だった出来事があります。療育園に行く前に、元彌
はミニカーを並べて遊んでいたのですが、ある日、出発の時間になってもミ
ニカーを離さず、バス停まで持って行ってしまいました。療育園には持って
行けないからママに渡して、と言っても頑として渡しませんでした。ところ
が、同じクラスのお友達が来たら、元彌は慌てたように私にさっとミニカー
を渡してきたのです。ミニカーに固執していた自分が恥ずかしくなったとい
うことは、他者から自分がどう見られているのか気にしているんだな、と私
は理解し、元彌にも社会性やプライドが育っていることを、とても嬉しく思
いました。

　元彌さんに年齢相応のプライドが感じられたのですね。

　そうなんです。その時の元彌の行動を、元彌の表情を、私は今でもはっき
りと覚えています。また、ある日、一大決心をして、家族で電車に乗って博
物館へ行きました。今まで、電車に乗ると元彌はドアの開閉のたびに奇声を
あげたり、なかなか出発しないと怒ってドアを蹴ったり、または私にしがみ
ついて抱っこになってしまうということがよくありました。電車移動には不
安がつきまとっていましたが、当日は行きも帰りも電車で騒がず、乗り換え

もスムーズにできました。博物館が楽しかったかどうかはわかりませんが、持参したおにぎりを食べることもできました。家族での外出が夢だったので、とても嬉しく思いました。

> 夢だった家族での外出も叶えられて、よかったですね。

はい、勇気を出して外出に挑戦してみて、よかったです。

施設入所という選択肢

> 子育てが大変なその頃、檸檬さん自身の体調はいかがでしたか？

　私の精神状態は、決して順調とは言えませんでした。私は40歳頃、統合失調症を再発しました。子ども二人抱えてたいへんな時期でもありました。でも、私には確かな二重見当識があるので、妄想の世界に浸りながらも現実的な思考も可能でした。子どもたちと生きることを選び、再発した状態から回復することができました。それがちょうど、元彌が4〜5歳だった頃です。元彌の面倒を見ることは、とてもたいへんです。でも、私には、元彌への、最後まで一方通行でもいいと思える愛情があります。どんな子が生まれてきても、大切に育てよう、そう思って妊娠しました。元彌はお腹に宿った時から、私はもう母親の気持ちでした。たとえ、知的な発達段階が低いために、人の表情を読み取る力が弱いとしても、私はいつでも優しい笑顔で接していたいし、いつでも真剣に元彌と向き合っていたいと思います。このような私の気持ちは、自閉症があってもなくても、母親の気持ちとして、同じではないでしょうか。

> 自閉症だから、という理由で、愛情が足りないとか、愛情が持てないとか、
> そういう考えは、持たなかったということですね。

　コミュニケーション、意思疎通がスムーズに行われないことが、自閉症の
ある子や人と付き合う上で、いちばんの苦慮する問題なのですが、意思疎通
がまったくできないわけではありません。言葉の発語が一つもなくても、顔
の表情が乏しくても、伝えたいことがある時には、いろいろな非言語的手段
から、訴えてくるので、ずっと一緒にいると、なんとなくわかります。普段
合わない目がバチッと合ってじっと見つめてきたり、何度も手を持ってク
レーンで何かを取ってもらおうとしたり。そのちょっとした動作を、拾える
かどうか、気付いて理解してあげられるかどうかに、自閉症の子の育児は懸
かっています。先程とまた同じようなことになりますが、それは自閉症が
あってもなくても、母親の姿勢とは、そういうものではないでしょうか？

> 自閉症があってもなくても、母親に共通する特質かもしれません。

　はい、自閉症がある子と自閉症でない子の育児は、まったく共通点のない
ものだと思わないでほしいです。言葉を発しない時期の子どもを理解するた
めに、全アンテナを立てて、子どもから発せられるサインをすべてキャッチ
していました。自閉症の子の育児とは、それが24時間365日ずっと続くこと
だと思います。

　とても疲れます。常に神経を張り詰めていなければいけないような状態で
す。しかも、何でも口に入れてしまったり、スリッパの裏や掃除道具のよう
な不潔な物まで、どんなものでもべろべろ舐めてしまうので、危険がないよ
うに、不衛生にならないようにと、ずっと見ている必要も出てきます。自閉
症の子の面倒を見続けるためには、自分がダメになってはいけません。いつ
も元気で健康でいなければならないと気を張っています。

> いつも元気で健康でいるとは、なかなか難しいことではないでしょうか?
> どんな人でも、体調が悪かったり、疲れてしまうことがありますよね。

　いつも元気で健康で、っていう気持ちがあるものの、実際、この時期の私は精神状態が良くなくて、必要な取り組みが難しい状況でした。とても疲れていて、コップを洗ったりして給食袋の中身を交換するのがやっとな感じでした。元彌の担当の相談支援員に、自分は統合失調症を抱えていて、最近具合が良くないために、育児がつらいことを正直に話しました。すると、すぐに面談をしてくれて、入所施設やショートステイのある施設、児童発達支援などを、一緒に見学してくれました。福祉事務所に一緒に行ってくれて、どのような公的支援を受けられるのか、私のために聞いてくれたりしました。つらくなってしまった時にはこのような選択肢があることを、教えてくれました。見学させてもらったどの施設にも、元彌と似たような雰囲気の子どもたちが多く見受けられて、このような場所なら、万が一の場合にも、元彌はすぐに馴染めるだろう、と思いました。

> 相談支援員の方も、檸檬さんと元彌さんのことに、たいへん協力的に動いてくださっているのですね。

　はい、その相談支援の人には、3歳の頃からずっと担当してもらっているのですが、本当によく相談に乗ってくれて、一緒に解決策を考えてくれて、私たち親子にとって、欠かせない人です。私はいつも自分一人で全部抱えているような雰囲気で頑張っていますが、私のまわりには家族、そして支援の方々、いろいろな人たちに支えられてこそ頑張れているのだ、と気付きました。その気付きがあったことと、あと元彌がこの頃、バイバイをしたのです!　1歳7か月の大きな退行以来、見ることができていなかった元彌のバイバイが見られたこと、それが本当に嬉しくて、私もこのままではいけない

と気持ちが切り替えられました。

> バイバイが再び見られるようになって、嬉しかったでしょう？

　はい、バイバイはその頃に３回見られましたが、また消えてしまい、今で
は見られません。でも、当時のバイバイは本当に救いでした。心から納得が
できる、元彌が成長していることの確信、証拠でした。私は、バイバイとは、
親からの巣立ちの暗示だと考えました。障害受容とは、諦めることと同じこ
とでしかないのだと思っていたけれども、もしかすると一人の人間として見
られるようになったならば、一人の人間としてのすべてを受容できるように
なれるはずだ、と思い、悲観的な考え方からの切り替えができるようになっ
ていったのです。ずっと私の頭の中にあった、施設入所という選択肢は、
すっと消えていきました。

第9章　ゆっくりした成長

新しい家

　実家の近くに家を建てて、そこに引っ越すことになりました。家を建てるにあたって、療育園の人たちのお話や、『知的障害・発達障害のある子どもの住まいの工夫ガイドブック：危ない！困った！を安全に・安心に』（西村・本田, 2016）という本などが、とても参考になりました。今の元彌は、行動範囲が非常に狭いので、想像がつきませんが、自閉症の子どもによく見られることなのですが、いつか窓を開けて飛び出してしまったりするようなことが、起こるかもしれないというのです。家を建築するにあたって気を付けたことは、窓を高い位置に小さめに設置したこと、寝室で奇声をあげる恐れがあるので寝室の窓だけは二重窓にしたこと、割れてしまわないようにガラス部分はアクリル板にしたこと、元彌が大人になっても使いやすいように階段と風呂場とトイレは広くしたこと、などでした。

　新しい家に引っ越す頃には、少し幻聴があったりしたものの、私の精神状態は回復し、育児にまた全力で取り組めるようになっていました。新しい家で、元彌はソファの裏にじっと隠れて、なかなか広いところに出てきませんでした。部屋の隅っこにずっといたりしました。環境が変わったことがストレスだったのか、元彌は新しい家でおしっこが出なくなってしまいました。10時間以上出なかったりしたので、元彌の身体が心配になりました。おしっこを出せるようにするために、元彌が慣れている実家に、毎日行きました。新しい家で安心しておしっこが出るようになるまでは、少し長くかかりました。また、元彌の睡眠リズムが崩れて、夜なかなか眠らなくなりました。療

育園の園庭で遊んだりもするので、ちゃんと日光の光を浴びていて、日中の活動量も足りていたのですが、夜中の２時や３時まで寝ない日々が続きました。元彌が寝ないで起きている時は、部屋中をうろうろしたり、私にぶつかったりするので、私も眠れません。睡眠不足で親子共に悩まされました。

> 新しい環境には、どんな人にも慣れるまで時間がかかるものですが、元彌さんもきっとそうなのでしょう。

　はい、環境の変化など、変化を受け入れられるようになるには、特に元彌の場合、長い時間がかかります。また、自閉症というと、無表情で無感情で、世話が楽、というのは、まったくの誤解です。自閉症の人にも、表情は乏しくうつるものの、感情はあります。年齢相応のプライドもあるように見えます。自尊感情を傷つけないように、丁寧に関わっていきたいです。きつく当たりたくなってしまったら、それがもし自分に向けられた言葉だとしたら自分はどう思うかな、とちょっと考える余裕が必要だと思います。睡眠が十分とれていても、十分な余裕がある状態でいられることは難しいですが、睡眠不足な状態では、少しの余裕もできないので。

> 睡眠不足は、人をとても不安定にさせることでしょう。

　不安定な状態では、自閉症の人の相手はできないと思います。自閉症であってもなくても、子どもにはいつでも安定した気持ちの親でありたいです。私は特に、統合失調症と共に生きているので、どうしても不安定になりやすいところがあります。どのように不安定なのかというと、アンビバレンス、二面性です。極端な悉無律思考、100％か０％か、全か無か、といった考えに支配されがちです。自分でもわかっている特徴なので、このような思考が出てきたら、すぐに気付いて、極端にならないところへ自分を置くよう心が

けています。まったくの中間地点ではなくても、グレーゾーンのどこかに、自分を留まらせるよう意識すること、そうすることによって、不安定ながらも、安定よりに持っていけているのではないかな、と思っています。

檸檬さんご自身のコントロールもしながら、育児にも一生懸命向き合っているのですね。

　はい、統合失調症であっても、きちんと育児ができていることを証明させたいという強い気持ちがあります。自分を偽れなかった、平気な振りは長くは続かなかった、でも今度からは平気な振りばかりしていなくてもいい、困ったら相談に乗ってもらって、できる限りまわりに頼ろう、そういう考えに切り替えられたことで、私はやっと本当に自閉症についてちゃんと調べられるようになりました。今までは、不安な気持ちで自閉症の情報に接していたので、どんなことが書いてあっても否定的な感情でしかとらえられなかったのですが、真正面から正しく理解しようという気持ちになりました。療育園の中に、図書室があって、自閉症の本がたくさんありました。私はそれらを読み漁りました。すると、とても良いことも、たくさん書かれていたのです。

たとえば、どのようなことが書かれていたのですか?

　『障害の重い人の暮らし』(全日本手をつなぐ育成会, 1995) という本の中には、「重度という概念は、施設のように目的や方向がはっきりしている場所において、それに合わない時に発生する現象のようなもの……生活は十人十色……生活レベルに重度は存在しない……大切なのは、生活を施設型福祉の発想で考えないこと」(p. 45) とありました。また、同じ本の中に、「家族がほっと一息つける時間をつくることは、特に重い障害を持った人が家で無理

なく生活していくための大切な要素の一つ」(pp. 42-43) ともありました。目
から鱗が落ちる思いで読みました。

　元彌は、発達検査をすると、毎回重度判定です。でも、それは発達検査に
おける知能指数や発達指数の話であって、生活に重度はないと知り、希望が
見えてきました。また、家族が休む時間を取ってもいいんだ、ということも、
素直に嬉しく受け止めました。

> 良いことが書かれていて、新たな視点に気付きましたね。檸檬さんは頑張り
> すぎているところがあったのかもしれませんね。

　はい、私はいつでも、頑張っています。何よりも子どもたちのことに、力
を注いでいます。自閉症の子を育てる心構えとしては、障害のある子を育て
ているのだという覚悟が必要だと思います。自分が今まで持っていた価値観
が通用しない時があります。遊び方ひとつ取ってみてもそうです。自閉症の
子は、大人たちが望むようには、おもちゃで遊びません。おもちゃを与えて
も、本来の使い方をしません。斜めから側面をずっと眺めていたり、べろべ
ろ舐めていたりです。コインを入れるとジュースが出てくるおもちゃなどは、
コインを入れたりせず、ジュースだけ奪ったりです。型はめおもちゃでは、
型にあてはめるということが、思いつかないのだろうか、と思う時がありま
す。私たちは一般的に、穴が開いていたら当てはまるものを入れたりするこ
とを、無意識のうちにやってしまうものですが、あえてやらせてみようとし
ても、当てはめることができなかったりします。でも、想像力がまったくな
いとも思えません。一度、布団のシーツをぐちゃぐちゃにして遊んでいた時
に、私が、元通りに戻して！　と言いながらシーツを直していたら、元彌も
手を伸ばして、シーツを少し直そうとしていたことがあります。

すごい集中力

> こう言われたらこうする、ということが、よくわかっていて、連想する力が
> 出てきたというわけですね。

　はい、結び付いていてよくわかっている部分もありますが、全然結び付い
ていない部分もあります。見えていない物についての理解は、想像力がまだ
及んでいないと感じます。たとえば、一つの小物をどっちの手の中に隠した
かな？　とか、見えていた小物をハンカチの下に隠して、小物はどこに行っ
たかな？　などという課題には、答えがわからず、そのうち興味を失ってど
こかへ行ってしまいます。毎日行うことについては、できるかどうかは別で
すが、よくわかっています。元彌にとっては、日頃のルーティンが大事で、
日々の生活そのものが大きな学びになっていると感じられます。

発達しつつある水準、成熟中の段階

> 元彌さんに、ヴィゴツキーの提唱している、「発達の最近接領域」（発達しつ
> つある水準、成熟中の段階）を感じます。

　そうだといいなと思います。元彌には、ほんの一瞬しか続きませんが、本
当はすごい集中力があると私は考えています。型はめなどの療育おもちゃは
手元を見ないで当てずっぽうにやっているように見えてしまったり、課題を
こなす能力がないのかなと思ってしまったりします。結果だけを見ると、元
彌はほとんどのことができていないように見えてしまいます。
　でも、きっと本当はそうではなくて、元彌の集中力が発揮されるタイミン
グが、まわりの大人たちが望む時と合わないだけなのではないかと思うので

す。一瞬の極めて高い集中力は、自閉症の特徴なのかもしれないと思うくらいに、私は驚かされることがあります。

　色の弁別も、よくできるようになったんですよ。赤いピースを赤い場所に、青いピースを青い場所に置くといった療育おもちゃが、とてもよくできていて、元彌も得意になれる作業でした。型はめパズルの療育おもちゃでは、青と黄色のいろいろな四角い形を当てはめる時に、元彌は初めて全部自分の力だけでできて、とても嬉しかったのでしょう。振り返って、後ろで見ていた私に向かって、にこっと大きく微笑んだのです。その笑顔が、忘れられません。

> 元彌さんの満面の笑みに、檸檬さんも思わず笑顔になれましたね。

　やっぱり、諦めてはいけないことを、学びました。諦めている雰囲気というものは、伝わってしまうので、気を付けないといけないと思いました。型はめパズルの療育おもちゃができたこと以外にも、諦めてはいけないと強く思えた出来事がありました。

> どんなことがありましたか？　聞かせてください。

　この頃、新しくスピーカーを購入し、私は音楽を聴くことが好きなので、とても大事にしていたのですが、その新しいスピーカーを、元彌が壊してしまったのです。私は怒って、思わず元彌の頭を、軽くですが、叩いてしまいました。それを、姉の絵梨にも見られてしまったのです。絵梨はどう思っただろうか、絵梨はショックを受けてしまっていないか、としばらく悩んでしまい、療育の先生に相談しました。すると、絵梨と私は、それで壊れるような関係ではない、と言ってもらえて、胸をなで下ろしました。そして、元彌と私についても、親子で一つの卵の中に入っているという私の考え方は違う

のではないか、と指摘されました。私はずっと、なんとなく、元彌はこのまま親離れできないのだろうと思い込んでいたのですが、それは誤りだということでした。元彌はいつかきっと親離れするし、元彌は元彌の人生を楽しんでいるのだと言われました。スピーカーを壊してしまったことについては、叩いたりしないで、わかってもらえるように話すことが大事だというアドバイスももらいました。諦めずに、わかってもらえるように、一生懸命話すことだと、教えてもらいました。

自制心の芽生え

> 少しずつ、いろいろな成長が見られるようになってきましたね。

　はい、身体も成長して、大きくなってきたことで、たいへんさが増すということが増えてきました。話せない元彌の気持ちに、大人が仮説を立てて、対応するようにしていました。

　元彌は、知っている単語に対しては、とてもよく反応しました。たとえば、「明日、ぶどうが届くよ。」と私が言った時、元彌は即座に冷蔵庫の扉を開けて中を確認、そこにぶどうがないことがわかると、今度は食器棚や別の扉を開けて、ぶどうを探し、どこにもないことがわかると、怒ってかんしゃくを起こすということがありました。ぶどうはわかっていても、明日届くとか、今はそれがないという意味まではわからないようでした。そのような感じなので、私たち家族は、たとえば「ケーキ」という単語を生活の中で使わないようにしています。ケーキは元彌の大好物で、絶対にぶどうの時よりもひどいかんしゃくになると思うのです。ケーキの代わりに、CAKE（シーエーケーイー）と言ったりするようにしています。他にも、元彌が好きなバナナの話がしたいのにバナナが家にない時、「あの黄色くて長い、黒い斑点ができたりするもの」、と言ったりしています。

まるでクイズか連想ゲームをしているようですね。

　そうなんです。もう少し抽象的な意味がわかるようになれば、私たちも普段通り話しますが、まだ先のことになるかなと思います。かんしゃくを起こして欲しくなくて、編み出されたコツのようなものです。元彌は激しいかんしゃくをたまに起こします。そんな時、家族全員たいへんな思いをしますが、30分くらい経つと、何事もなかったかのように、ケロリとすることが多いです。そこで、かんしゃくに対しては30分間の我慢だという認識が出来上がりました。

　また、激しいかんしゃくの時には難しいですが、人を噛みそうな気配の時に、噛まないで、と言うと、自制して噛まないように耐える姿も見られることがあり、成長が感じられました。つい元彌中心の生活になってしまい、姉の絵梨にしわ寄せが行ってしまっていることがずっと気がかりでしたが、児童発達支援の利用が始まったことで、その時間に絵梨が中心となる家族の過ごし方ができるようになりました。

絵梨さんとの時間も少し持てるようになったということですね。

　はい、絵梨と原宿に行けたことが、私や和寿にとっても、大きな喜びでした。他にも、ささやかですが、絵梨と外食したり、ショッピングしたり、カラオケに行ったり、絵梨の希望に合わせて動ける時間ができて、よかったです。あと、元彌は6歳になって、やっとコップで水が飲めるようになりました。それまで、ペットボトルでしか水分を取らないというこだわりがあり、いつでも清潔なペットボトルを用意しておく必要があったのですが、氷を入れたコップに興味を持ったことをきっかけに、氷入りの水、そして水がコップで飲めるようになり、安心しました。

人に関心が出てきた

　療育園の年長組になると、元彌は同じクラスのある女の子に、関心が出てきたようでした。その女の子が靴を履くのを手こずっていたりすると、そっと助けようとするかのように、近寄って靴を履かせようとしたり、その女の子の動きを目で追ったりしていました。

　「異性に関心が出てきて、まるで普通の男の子みたいで嬉しいね。」和寿がそのようなことを言っていたのを覚えています。私も、この母親離れの第一歩には、応援したい気持ちになりました。なんとなく、自閉症の子には恋愛など関係ない気がしていたのですが、それは誤りです。どんな子でも、その子なりの、自分だけの道を歩んでいくものですね。

> 和寿さんも、元彌さんのことで悩んでいたと思いますが、元彌さんが人に関心があることがわかって、安心したのですね。

　和寿は、私以上に元彌と一緒に叶えたい夢がたくさんあったと思うので、私以上に元彌の自閉症がなかなか受け入れられないように見えました。和寿は、楽しい学生時代など、幸せな人生を歩んできた人なので、元彌にも同じような幸せを感じて欲しかったのだろうと思います。それが、想像もしていなかった、まったく違う人生を送る運命になってしまい、私以上に悲しんでいるように映っていました。それなので、元彌の淡い恋心は、和寿の心を明るくしたと思います。

> 今後も、元彌さんの成長が、少しずつ、見られていくのではないでしょうか?

　そうですね、本当に、ゆっくりゆっくりの成長です。あまりにもゆっくり

であるため、その成長を見逃してしまうなんてことが滅多に起こらないこと
は、よかったかもしれませんね。夜、真っ暗な寝室で、元彌が「ママママ
……」「パパパパパ……」と言ったことがありました。言葉の練習をしてい
るのかな、と思い、嬉しくなりました。元彌なりに、何かを獲得しようと、
努力をしているのだろうと思います。あと、成長とは違うのですが、てんか
んの症状が出始めてしまいました。

> てんかんを起こすと、確かにまわりの人はびっくりしますし、心配になるか
> もしれません。

　初めててんかんを起こした時には、このまま死んでしまうのではないかと
驚いて、救急車を呼びました。病院に着いた頃には、容態は落ち着いていて、
大丈夫だったのですが、こんなことがありました。
　救急車を呼んで、５分後くらいに救急隊員が家に入って来て、「元彌くん、
元彌くん」と声をかけていた時のことです。和寿が、
　「元彌は呼びかけには反応しないんですよ、自閉症なので答えないと思い
ます。」と、冷静に言いました。すると、救急隊員は驚いたように、私にこ
う言いました。
　「じゃあ、普段はどのようにコミュニケーションを取っているのですか？」
私は咄嗟に、答えました。
　「いつも顔の表情や身体の動きの微妙な変化から、推測しています、想像
することでコミュニケーションを図っています。」すらすらと言えました。
救急隊員は、その答えに、びっくりしたような、戸惑ったような表情を見せ
ました。後になってから、私は考え込んでしまいました。自閉症でない子ど
もだったなら、普通は名前を呼ばれたら答えるものなんだ、微妙な変化を感
じ取って想像でコミュニケーションを図ったりしなくても、コミュニケー
ションを取れるものなんだ、と。私は自分の子育てや、元彌との関わり方が、

いつのまにか普通のことだと思えていたのですが、他の人から見ると、どうやら普通ではないらしいことに、ショックを受け、重たい気持ちになりました。

> 育児に正解はないのかもしれません。檸檬さんは元彌さんによく対応されていて、それも「コミュニケーション」と呼んでいいと思います。

　そうですね、その時は、少し自信を失くしましたが、その子に相応しいコミュニケーションの取り方でいいのだと、今ではそう思えます。てんかんは、だいたい月に一回くらい、睡眠不足の状態の時に起きています。病院を受診して、脳波検査を受け、良性のてんかんだということがわかりました。しかし、てんかんが起こるたびに、ひどくけいれんして、目を白黒させて、唇は紫色に変色し、とても苦しそうな状態が5分間くらい続くので、元彌がかわいそうになり、家族は心配でたまりません。また、薬が飲めないために、たいへんなことがありました。

　溶連菌感染症にかかってしまったのですが、薬が飲めず、どんどん衰弱していってしまいました。病院で薬が飲めていないことを言うと、このままでは猩紅熱という別の病気に発展してしまう、抗生物質を体内に入れないと、どちらにしても治らない、とのことで、入院して点滴治療を行うことになりました。元彌が点滴を抜いてしまわないようにするためにも、必ず家族が一人は付き添いをすることになり、また家族全員の協力体制の下に、元彌の入院生活が始まりました。そこで、点滴の薬が合わず、元彌はアナフィラキシーショックを起こしてしまったのです。

> それは、たいへんなことになりましたね。

　はい、アナフィラキシー反応は、私は初めて見たのですが、あっという間

にぐったりしてしまって、驚きました。すぐに処置が行われて、ショック状態からは回復したのですが、そのためにさらに入院期間が延び、退院するまで2週間かかりました。元彌の入院のために、家族全員、本当によく頑張って乗り越えたと思います。もう入院はこりごりだ、もう入院しなくてもいいようにしよう、とみんな言いました。絵梨にもさみしい思いをたくさんさせてしまっていましたが、絵梨は不満を何一つ言わず、よく協力してくれました。

> 元彌さんが、今後のためにも、薬が飲めるようになるといいですね。

　そうなんですよね。薬が未だに飲めなくて、ラムネや整腸剤で練習を試みたりしているのですが、今のところ難しいです。とにかく勘が鋭いです。どんな手段を用いても、薬の存在に気付いて拒絶します。それ以降、幸い大きな病気をしていないので助かっていますが、いずれ薬が飲めるようにしなければならないと考えています。

第10章　家族の希望

休暇中の過ごし方

　そして、小学校に入学しました。進級にあたって、元彌の状態を正しく人に伝えられるようにするために、『重い自閉症のサポートブック』（高橋, 2011）などを参考に、元彌についての書類を作成しました。新型コロナ感染症拡大予防のための緊急事態宣言が出ていたため、最初の2か月間は休校で、ずっと家で過ごしていました。新型コロナ感染症流行の時代に推奨される希薄な人間関係は、自閉症の人にも、良い面と悪い面があります。重度の人には、支援が手薄になってしまわないかとの不安があります。オムツを替えたり、着替えを手伝ったり、一緒に手洗いをしたり、身体的に密着しなければ支援できない状況が、たくさん思い浮かびます。また、元彌はマスクができないので、学校と放課後等デイサービス以外の外出がまったくできてない状況です。もちろん、マスクを着ける練習はしています。小学校に入ってから、今まで被れなかった帽子が、短時間であれば、被れる時が出てきたと、担任の先生から聞きました。マスクを着けていられるようになるまでには、もっと長い時間がかかると思いますが、諦めているわけではありません。外出の際、マスク着用を一律に求められることは、私たち家族には厳しい施策です。元彌のリュックサックには、マスク練習中と書かれた札を貼っています。ヘルプマークもつけてあります。このように、障害があることを無言でアピールしなければならない世の中は、生きづらいなと感じます。

　「どうしてマスクをつけていないのですか？」

　「はい、実はこの子には、感覚過敏といって、皮膚感覚がとっても敏感な

ために、マスクがつけられないという事情があるんです。」

「そうなんですか、たいへんですね。」

「ええ、でも、咳が出る時には外出しませんし、病院の待合室ではタオルで口を覆ったりと、気を付けているので、どうか安心してください。」というような会話があって、そこで初めて自閉症のことを知ってもらうなんていうことがあってもよい気がしています。過度な詮索はされたくありませんが、無関心がまかり通った世の中は、優しい社会とは言えません。いろいろな事情がある人がいることを、もっと知ってもらうためにも、こちらから何らかの形で発信していかなければならないのだろう、という気持ちがあります。

> 会話からお互いのことを知る、大切なことですね。コミュニケーションや、発信の必要性を感じているのですね。

　はい、私はコミュニケーションがとても苦手なのですが、人とのやり取りの中に、大切なものがあると思っています。やり取りと言えば、今までの療育を振り返って、思うことがあります。まず、療育は子どものため、という意識は、多くの人が持っているかもしれませんが、実際には、親のためでもあるということを、もっと知ってもらいたいです。親子の愛着関係が築けるようになったり、親がどのように自閉症の子に関われると良いのかを教えてくれるものだと思いました。療育という名前も、多くの人の誤解を招いているような気がします。

　療育、つまり治療教育ですが、実際には治療をするための教育では決してありません。社会への適応力を伸ばすための教育という意味で、何か他の言い方ができるようになったらいいなと感じました。

> 療育について、そのような思いがあるのですね。

　はい、自閉症の子に何をやっても無意味という意味では決してなくて、やはり子も療育からいろいろ学べて身につけられています。元彌の場合にも、家ではできない遊びの体験をたくさん積むことができたり、先生との信頼関係を築くことができるようになったりしました。自閉症の子が過ごしやすいように環境を整えるなど、まわりの人にしかできないこともあり、そのためにも、療育中の子をよく観察する必要があります。自分では気付けなかった視点からの意見を療育の先生から聞くことができたりすることも、狭い見方になりがちで悩みやすい私にとっては、精神の安定にも繋がりました。

小さな冒険家

　もう少しで8歳になるという頃、元彌は初めて、自分の意思で、上の階に上がっていきました。それまで、リビングから決して一人で出ることがありませんでした。上の階に、リビング以外の部屋があることを知って、面白いと思ったのか、その部屋が気に入り、それ以降、一日に何度も、家族の手を引っ張っていく姿があります。特に、姉の絵梨の手を引っ張っていくことが多いです。姉に対しては、私や和寿とは違った、特別な思いがあるように見えます。

　絵梨はいつも優しくて、元彌を叱ることはありませんが、教育的な態度で接してくれることもあったり、世話を焼いてくれることもあったり、本当は元彌と遊びたい気持ちがあるけれども、それが叶わないことがだんだんわかってきて、絵梨は絵梨なりに元彌との接点を見つけて、仲良くつきあっているように、私からは見えています。元彌は上の階の部屋に行くと、ベッドの上で飛び跳ねたり、ベッドに寝転んで雑誌めくりをしたり、電気をつけたり消したり、楽しそうにリラックスして過ごしています。リビング以外の部屋に行くことを、元彌の冒険、と家族は呼んでいて、微笑ましく思っています。

> 楽しそうな、かわいい冒険ですね。

　はい、そのように行動範囲を広げていって、いつか精神的自立に繋がっていくのかな、と思います。今までずっと、私にべったりだったのですが、最近、夜になると、ママじゃなくてパパがいい、という感じで、私のことを部屋から追い出したり、和寿の手を引っ張って寝室に行こうとしたりするようになりました。

> 母親としては、少し寂しく思いますか?

　はい、少し距離ができて、少し寂しい気持ちもあるし、成長が感じられて、少し嬉しい気持ちもあります。今のところ、どちらも半分くらいずつの割合であります。親としても、子離れの時期に差しかかってきているのかもしれないと感じています。身体面では、まだオムツも外れていないし、着替えや歯磨きも一人でできていないし、できることを挙げる方が難しいくらい、まだ助けが必要です。

> 助けというより、支援という言い方の方が、合っているのではないかなと思います。助け（help）と支援（support）は、似ているようで、違いますね。

　確かに、たとえば物を持つ時に、助けというと、本人に直接触れてという感じがしますが、支援というと、本人の後ろからそっと手を添えるといった感じがして、助けと支援は違いますね。元彌の介助をする時には、今度からは、助けているという意識ではなく、支援をしているという意識を持って、取り組みたいと思います。

誕生日のメッセージ

　元彌は 8 歳の誕生日を迎えました。家族が誕生日の歌を歌う中、大好きないちごのショートケーキを、手とフォークでぺろりと食べて、幸せな時間でした。プレゼントは、元彌がペラペラとめくったり、舐めたりしたくなるであろう紙質の、雑誌 2 冊と、ペットボトル飲料、そして音の出るおもちゃでした。これまでの誕生日とは、私の気持ちはだんだん違ってきていて、悲しみはほとんどなく、穏やかで落ち着いた気分でした、と言いたいところですが、実は元彌の誕生日も、波乱の一日でした。

> 何かあったのでしょうか？

　はい、ケーキを食べて喜んでいたところまでは良かったのですが、夜になって、てんかん発作を起こしてしまったのです。それが、今までの中でいちばんひどい発作で、非常に心配な状況になってしまいました。てんかん発作を起こすたびに、けいれんなど、ひどくなっていきます。薬が飲めるようになって欲しいものです。嘔吐してしまったので、後片付けもたいへんで、いつも通りの大忙しな一日となりました。前途多難という言葉が、チラチラと頭をよぎりました。しかし、そのようなせわしない中にあっても、元彌の幸せを、心から願いました。

　自閉症であることがわかった時、本当に悲しかったのですが、元彌の将来と、親である私たちが望む将来は、決して同じではないはずで、分けて考えればよかったのだな、と元彌 8 歳の誕生日の日に、わかりました。当時は私も混乱していたので、それらを混同してしまっていました。

> 無理もないことだと思えます。

　私が悲しかったのは、本当に突き詰めて言うならば、私が思い描いていた理想の子ども像と元彌の実際の姿が同じではなかったこと、元彌と一緒にコンサートに行ったり、旅行に行ったり、クイズ大会に親子で出たりするという夢が、叶えられなくなったことの、絶望感だったのだと、そんなことだったのだと、今ではわかります。

「そんなこと」、だったのでしょうか？

　はい、そんなこと、だったと思いたいです。正直に言うと、今でも悲しみを乗り越えられない時が、ときどきあります。なぜ悲しいのか、と考えてみると、私はもはや元彌を他の子と比べたりはしていません。元彌自身のことを、いつでも見つめています。元彌は一生懸命に生きています。自分の意思も出てきて、やりたいことも増えてきて、特にコミュニケーションへの欲求が少しずつ見られるようになってきたこと、本当に嬉しく思っています。だけど、その元彌の一生懸命さが、報われていないような気がしてしまっていて、そこがいちばん悲しくなってしまうところです。

　元彌と自分は違うから、私の推測も正しいのかわからないし、私は基本的には見守ってあげることしかできません。元彌はどう思っているのか、元彌の本心を知りたいです。元彌の気持ちを、いつもこちらが推測するのではなくて、本当は元彌の声で、聞いてみたいです。まだ生まれてきて８年しか経っていないけれど、元彌は生まれてきて幸せかな、ママと一緒にいて嬉しいかな、家族みんなで一緒にいて楽しいかな、いちばん面白いと思うことは何かな、何かやってみたいことはあるのかな、どんなことを考えているのかな、そのようなことを、いつか元彌の口から、聞けるようになったら、と、願ってやみません。

それが檸檬さんの正直な気持ちなのですね。

　はい、元彌は、将来は、施設に入所するか、グループホームで暮らすか、わかりませんが、いつか親元を離れ、元彌自身の人生を送るだろうと思います。私は、以前は、元彌と私は一つの卵の中に入っているイメージを持っていて、元彌は一生私の元から離れて行かない存在だと、勝手に思い込んでいました。でも、だんだんと、その自分勝手なイメージは、払拭されていきました。育児を通して、私も親らしくなってきたのだと思います。私は親として元彌の自立を後押ししてあげる役目を負っています。自閉症があろうとなかろうと、親の役目は変わりません。和寿も、元彌が自閉症だということは、受け入れるしかなく、その日その日を何とかやっていくしかないよ、と話していました。また、元彌の寝ている姿が、本当に子どもで、かわいいな、と言っていました。理想の子ども像の押し付けをするのではなく、目の前の実際の子どもの姿を、しっかり見ておきたい、そのような考えが、夫婦で一致しました。

　「8歳の元彌、お兄さんになった元彌、かっこいいね」

　そう話しかけると、いつもはすまし顔の元彌ですが、心なしか、口元が少し緩んだように見えました。

第3部　協働のナラティブ：「人生の意味」の共同創造

　第3部では、自らの障害を受け入れ、さらに重度自閉症児の育児をする中で、母親としての成長を実感し、「障害と共に生きる」という「人生の意味」が導きだされていった過程が語られています。

第11章　私の生きがい

障害と共に

　最近、自閉症への理解が深まり、元彌のことが少しずつわかるようになってきた様な気がします。今では将来を悲観することはあっても、泣き崩れたり、心中を考えて思い詰めたりすることは、全然なくなったわけではありませんが、少なくなってきました。私自身も、元彌と一緒に、成長してきていることを感じます。障害の受け止め方も、きっと人それぞれ異なっていいんだと思うようになってきました。障害を乗り越えようと考える人もいるし、障害に立ち向かおうと考える人もいます。私の場合は、障害と共に生きよう、と考えます。

　自閉症も、改善するとか、治るとか、そういう表現は、私には少し違うと思えます。自閉症も、統合失調症と同じように、うまく付き合っていくのが良いと思えるのです。障害は敵ではなく、生まれた時からずっと一緒にいる友人のように考えます。障害と仲良くやっていこうという思いが、人生を前向きにとらえる原動力になっています。

「障害と共に生きよう」という考え方、発想でしょうか。

　「障害と共に生きる」という考えは、自分が統合失調症をある程度克服できたことの自信から生まれてきました。私は統合失調症と共に、統合失調症

に依存しながら生きていくのかとずっと思っていたのですが、私は今、統合失調症を克服できたのだと、感じています。統合失調症は、たいへんな病気でしたが、自分の症状について知れば知るほど、自分が障害者だという意識は薄れていき、統合失調症のためにうまくいかないのだと思う心理的葛藤も減っていきました。

　でも、子の自閉症はまだ克服できていません。統合失調症を克服するために、30年間くらいかかりました。子の自閉症も、そのくらいかかるかもしれません。私の人生の最後の日までかかる作業のつもりでいます。自閉症を乗り越えられないと感じるのは、一つには、子のかんしゃくへの対応がたいへんなことなど、子自身の問題への私の対処がまだうまくできていないことがあります。そしてもう一つには、子が奇声を発したり、家の壁をドンドン蹴ったりする時、世間からの冷たい雰囲気を感じること、この家では子が虐待されているのではないかと通報されてしまわないかという恐怖心や不安があることです。子を連れて歩く時も、子が道路に飛び出してしまわないかという心配もありますが、世間からの冷たい視線、何らかの障害がありそうな子が歩いている姿への偏見が、とても気になります。

> 「社会の偏見」という手ごわい問題を実感している印象です。

　考えてみると、精神疾患や症状への差別や偏見とは、自分の中にこそ、あったのです。私が実名で活動できない理由も、まず自分自身の保身のためで、差別や偏見には立ち向かえない、決して勝てないという思いがあるからです。子の自閉症のことを語るにも、ぽつりぽつりとしか語れない、気持ちが重くて、口をついてなかなか本音が出てこない、それだけ抑圧していることに慣れてしまっているとも言えますが、自閉症のことを語っても、理解されることはないのだろうと、心のどこかで最初から諦めてしまっているところがあります。

　私は何事に対しても、一生懸命やったという実感が持ちにくい人間です。今までの人生の中で、とても一生懸命やっているのだろうと思っていることは、育児です。でも、その育児ですら、本当に捨て身でやっているのかどうか、実感が持てません。私は、離人症のために、現実感が薄く、自分自身がふわふわしてしまっていて、自分に自信が持てない時があります。離人症とは、本当の自分が自分の身体から幽体離脱したかのように離れてしまって、離れたところから自分の抜け殻のような身体を見下ろしているというような現象です。統合失調症の症状は、今でもなくなっていないのです。

> そんな状態にあっても、檸檬さんは「育児」に真摯に取り組んできましたね。

　かわいい子どもたちがいるからです。子どもたちに生きがいを感じていて、育児をすることが好きです。自分の子どもたちに関わることに、楽しみや喜びを、とても感じています。私が再発した時に、妄想に従わずに、子どもたちと現実的に生きる道を選択したことは、私の人生が諦めではなかったことの証明になります。私は自分の人生を諦めませんでした。統合失調症でも、最悪な道を選択しないように、よりよい人生が送れるように、無意識に正しい選択ができるように、そこまで私は回復していたのでした。統合失調症で、離人症という症状が残っていても、私は自分なりには納得のできる育児ができている、そのことを、もう少し自分で評価してもいいのかもしれませんね。

子育てについて

> お子さんたちの成長が、これからも楽しみでしょうね。

　はい、子育てについては、たいへんだと思うこともありますが、それをはるかに上回る幸せがあり、子どもたちと楽しい時間を共有しています。育児

を通して学べることも多く、机上の知識とは違ったものが得られて、自分自身の成長にも繋がっていると感じています。ちなみに、私の子どもたちは、今のところ統合失調症ではありません。

　上の子の絵梨は、小さな音や些細な出来事に敏感な子ではありますが、繊細さや慎重さは長所にもなります。幼少時に言葉の遅れを指摘されて療育に通い、作業療法や言語療法を試みたり、小学校では不登校になって、親子共にたいへん苦労した時期がありましたが、現在では登校を渋ることは少なくなってきました。ゆっくりした性格で、学習の苦手さは多少あるものの、意欲的に課題に取り組んでいます。

　下の子の元彌は、重度の知的障害を伴う自閉症で、それが判明した幼少時には、悲しくて泣いてばかりいました。家の中が暗い雰囲気に包まれていました。でも少しずつ、元彌の障害が受容できるようになりました。今でも発語はなく、意思表示、意思疎通が困難で、コミュニケーションはまわりの大人による推察によるところが大きいですが、少しずつ成長が感じられています。子どもたちに問題が起こるたびに、私は親として成長してきていると感じています。

檸檬さんに、「育児はとても良い影響を及ぼしている」ということでしょうか？

　子どもたちのおかげで、私は母親として、今までの自分とは異なる人生を歩めていると感じます。異なるというのは、今までの自分に母親である自分が重なって、「新たな価値観」が生まれてきたということです。私は自分自身、結構わがままに生きてきたと思うのです。それが、育児が始まると、好きなようにはできません。やりたいことができなくなったり、思い通りにいかなくなったりすることが、だんだん当たり前になってくると、自分の人生において主役だけではなく、脇役も務めることになり、人生の道幅が広がったと感じます。子どもたちの保護者としての自覚も芽生えてきて、ずいぶん

大人になれたと思います。

お二人のお子様には、大人としてどのような態度で接しているのでしょう?

　気になるところばかりに目を向けずに、その人全体に接するように心がけています。人の成長は不思議なもので、育児書に書かれているような通りには実際いかず、面白いなと思っています。全体的には、育児書から予想される状態よりも、2人とも良く育っていると思っています。育児書に書かれている誰かの成長と比べても仕方ないことで、自由に育てたいと思っています。愛情は100%注ぎますが、体力気力の使い方は80〜90%に抑えて疲れ過ぎないように気を付けています。とは言っても、頑張り過ぎる傾向があるので、結局は90%くらいになります。また、決まったレールの上を無理に歩かせようとしないことも、心がけています。外れることが良いことというわけではありませんが、人生のレールとは、幻想と同じだろうと思います。

すべてが思い描いていた通りにいくということは、滅多にないことかもしれません。確かに、人生のレールは幻想のようなものかもしれませんね。

　ええ、本当にそう思います。高村光太郎の書いた『道程』という詩(高村, 1914)が、私はとても好きです。有名なのは短縮された9行の道程ですが、それよりも、短縮されていない全102行の道程に、非常に感銘を受け、時々思い出しては読み返しています。高村光太郎の妻の長沼智恵子さんは、統合失調症でした。死の瀬戸際に、高村光太郎が持っていたレモンを、智恵子さんはガブリと噛みました。智恵子さんにとって、レモンとは、現実へと結び付けてくれる大切な役割が込められた果実でした。

　私にとっては、その大切な役割を果たしているのは、和寿や子どもたちです。智恵子さんのことを、ずっと愛情を持って接してきた高村光太郎が説く

ように、人生の道というものは、たとえ険しくても、それぞれの人が足を踏み出して、切り拓いていくものだと思います。回り道をしたり、紆余曲折があってこその人生の醍醐味も、この歳になってわかるようになってきました。一人一人が個性的であることを、金子みすゞの「みんな違っていてもいい」、より更に、「みんな違うべき！」というように、心底思っています。教室でみんなが一斉に前を向いて座っていなくてもいいのだと、私は思っています。一度きりの人生を、特定の価値観に縛られて、真実を見失うなんてことにならないようにしたいです。子どもたちも自分らしい道を切り拓いて行って欲しいと願っています。

> あなたはお子さんをとても大事に思っていることが、よく伝わってきます。

はい、子どもたちはとても大切で、かけがえのない宝だと思っています。私にとって、育児は大きな生きがいになっています。生きていてよかったと思えるのは、子どもたちがいるからこそです。私の日々の充実感や幸福感など肯定的感覚はすべて、子どもたちに関わることから生まれてきます。育児には苦労もありますが、それも含めて、育児にまつわるすべてが、私の人生に彩りを与えてくれていると、今強く感じています。そして、私に生きがいがあることが、自分らしい生き方に繋がっていることに、間違いないと信じます。

それぞれの答え

> 檸檬さんにとって、障害とは、どのようなものなのでしょうか？

井上先生と自分の「人生の語り」の協働作業をさせていただいて、今やっと、障害とは何なのか、はっきりとわかりました。障害とは、「生活や社会

参加への困難さ」のことです。私は今まで、障害と、障害のもとになる症状のことを、混同して考えていました。

> 障害のもとになっているのが、檸檬さんの場合は統合失調症、元彌さんの場合は自閉症、ということでしょうか？

　そうです。障害のもとになるそれらの疾患や症状は、苦しかったりつらかったり、たいへんだったりして、生活や社会参加への困難さに、確かに繋がるものではあります。でも、それらと共にあることでの幸せというか、良かったこともあります。私の場合、統合失調症の不思議体験が多過ぎて、ちょっとやそっとでは驚かなくなりました。また、多様性の受け入れに柔軟な考えが持てるようになりました。元彌の場合にも、本当の優しさを持っているというか、純粋な気持ちで人を見ていて、本当に澄んだ瞳で見つめてきます。元彌は人の心を映し出す鏡の役割をしていて、冷たく接すれば冷たく返し、優しく接すれば優しく返してきます。本当の優しさを思い出させてくれる存在という意味では、世の中に必要な人であると言えます。

> 檸檬さんがご自分の体験を通して「統合失調症や自閉症があって良かった」と感じられるようになったということですね。

　はい、それと、障害について思うことがあります。統合失調症や自閉症は精神障害に分類されていますが、人類にとって障害であったならば、とっくに淘汰されているはずだと思うのです。私は統合失調症や自閉症、他にもこの社会において障害とされている症状とは、人類の進化や発展に何らかの役割があり、必要だったからこそ、消滅していない性質なのだと考えています。そして現代においても消滅させられない何らかの理由があるのだろう、という考えを持っています。その何らかの役割や理由は、おそらく高度文明の陰

に隠れてしまっているのでしょう、私には辿り着けません。

> 確かに、統合失調症や自閉症が精神障害に分類されるのは、必ずしも正しい
> とは言えない難しさがあるということでしょうか？

　はい、統合失調症も自閉症も、その全体像は、光のスペクトル状であると
私は考えます。プリズムに通すことで、それらはひとつひとつの症状として
分けられます。病気の経過や回復というものも、本当に人それぞれであって、
分類通りの経過や回復の道のりを辿るかどうかは、実は誰にもわからないこ
とです。決められた道はどこにもなく、すべての人の人生の道筋は、いつで
も未知なものです。人は何かと意味づけをする生き物ですが、その意味はい
つも後付けのものです。

　統合失調症になった意味は何かというと、人によって答えは異なることで
しょう。私の答えは、まだ見つかっていませんが、私は日々、病気と共に、
意味のある人生を歩んでいるのだろうと感じています。体験した本人にしか
わからない事実があり、その人なりの答えを、焦らず見つけていけたらいい
のではないかと、考えています。

障害受容とリカバリー

> 檸檬さんのこれまでのお話から、統合失調症とは、「共に生きていくこと」が
> できる病気なのだということが、よく伝わってきました。

　統合失調症は、決して珍しい不治の病気ではなく、「共に生きていく」こ
とができる病気です。処方された薬をきちんと飲むことは、病気と付き合う
上で非常に大切で欠かせないことです。病識が持てるようになるくらいまで
に回復してきたら、治療を他人任せにしないことです。カウンセリングを受

けたり、自主的に治療に取り組むことが、自分らしい病気の受容に繋がって
いくと信じています。

> 自分らしく、というところが、あなたの最も重視しているところでしょうか？

　はい、障害のもとになる病気や性質は、最初からその人の内側にあります。
敵対しないで、仲良く付き合おうとすることが、その病気や性質の受容、そ
してその人自身の受容に繋がるのだと、私は考えています。どの人も、唯一
無二の、かけがえのない存在です。人は本来、どの人も個性的であり、一人
一人異なった輝きを放つ宝石です。

> リカバリーという言葉を、聞いたことがありますか？

　はい、最近、リカバリーという言葉をよく見かけ、気になっています。リ
カバリーとは、病気や障害を持ちながらも、希望を持って生き生きと生活で
きること、幸せを感じられる生活を達成できることですよね。

> そうですね、リカバリーとは、ただ失ったものを取り戻して元の状態に戻る
> ことではなく、一人一人の方法で成長しながら、人生についての新たな意味
> と目的を見つけることでもあります。

　私はまだ寛解とは言われていませんが、いちばんたいへんだった時期は、
私の中で昇華されたと感じています。自分の内的体験を振り返り、変化を理
解し、受け止めるよう努めていて、リカバリーを目指しています。自分らし
さを大切にして、そして、回復してきている実感や希望を持てるようになり
たいと願っています。

> リカバリーとは、その過程も指す言葉です。檸檬さんは既に、リカバリーの段階にあると言えるでしょう。

　そうなのですね。確かに、私には今でもときどきたいへんに思うことはありますが、幸せを感じられていて、人生にも希望を持っています。自分らしい病気の受容ができた結果も、その人の個性に繋がりますが、それまでの過程も、大切な個性ですね。元通りの自分に戻ることを目指すのではなく、新たな自分を作り直すこと、自分を再構築することが、リカバリーと言うのでしょうか？

> そうです、その通りです。

　自分の再構築、なんだかわくわくしますね。どんな自分を作り上げようかと考え始めると、力が湧いてきます。私は、まわりの人たちを幸せにできるような自分になれたらいいなと思います。

> なるほど、素敵な考えをお持ちですね。自分らしい病気の受容ができたという実感を持てていることが聞けて、ほっとしました。

　私はずっと障害受容という言葉が気になっていて、障害受容とは何なのか、どのようなことなのか、これまで悩んできたのですが、個性を認めることが、障害のもとになる疾患や症状の受容にもなっていると気付きました。自分らしくあること、それが、そのまま受容ということなのです。私には、闘病という意識はありません。病気と共にある、という姿勢です。自分が障害者だという意識もありません。乗り越えるべきものは、障害という見えない壁であって、本来持ち合わせた病気や性質ではないはずです。人々の差別や偏見こそが、精神疾患と共にある人を、障害者たらしめていることに違いありま

せん。障害は、社会がつくり出していると言っても、過言ではありません。

障害受容を考えるには、社会の問題という視点が必要だということでしょうか?

　はい、社会の、障害のある人の受け入れ態勢に、問題意識を持っています。たとえば、18歳以上になれば選挙で投票する権利がありますが、元彌のような子の場合、選挙という仕組みを理解して自分の意思で立候補者から一人を選ぶことは難しい、そのために、本来ならば一票の投票権が無効になり、一人分の人権が無視されたと同じことになってしまいます。せめて指差しができるようになれば、立会人の監視のもとに、二回同じ人を指差しできれば、投票とみなしてもらえるという制度もあるようです。でも、自分の意思が指差しでも示せないとなると、平等な権利を享受できることにはならないことになり、落胆してしまいます。

　一方では、「障害」という言葉を、「障碍」、「障がい」、と表記して、あえて柔らかい印象を与えようとする時代の流れを、素直に嬉しくとらえています。過去、日本では「精神分裂病」と呼ばれていた病気が、2002年に「統合失調症」という病名に変わって、社会の意識も少しずつ変わり、全体としてはより良い方向へと、大きく変化してきたように感じられています。私も、いつまでも同じ場所に立ち止まってはいられません。

家族へ残したい思い、感謝

では、ご家族に伝えたいことを、自由にお話しください。

　私は家族の温かい見守りの中に育ちました。家族に感謝します。今、こうして自分がここにあるのは、家族のおかげに間違いありません。

　私の両親へ、いつも温かく見守ってくれてありがとうございます。優しい

両親のこと、今でも私のことが心配でたまらないと思っているかもしれませんが、私は大丈夫です。どうか安心してください。

　和寿へ、いつも私のことを支えてくれて、どうもありがとうございます。限りない優しさに、感謝し尽くせません。

　かわいい元彌へ、甘えん坊だけど、いつか親離れの時が来て、多くの人から支援を受けながらも、きっと元彌なりに精神的自立への道を歩き始める時が来るのだろうと、思っています。

　私はこれからもずっと、いつでも元彌のいちばん近くにいる理解者です。大切な家族という絆で繋がっていることを、ずっと忘れないでいてください。

　そして誰よりも、絵梨に伝えたい思いがあります。絵梨は将来、元彌の後見人になり、否が応でも障害と向き合わなければならないでしょう。でも、どうか、絵梨らしい障害受容ができるようになって欲しいと願うし、絵梨にはそれができるに違いないと思っています。

　元彌は絵梨には絶対に噛みついたり、手をあげることがありませんでした。それは、元彌が絵梨のことを姉として慕っていた証拠です。行動の裏には、感情があります。元彌は、絵梨の限りない優しさが、嬉しかったのだろうと思います。障害への差別や偏見に晒され、傷つくこともあるだろうと思います。そんな時には、障害という見えない壁の、その先にこそ、人の本質、本当の優しさがあることを、忘れないで欲しいです。障害という壁は、人により、時と場合により、見えたり見えなかったりします。障害とは、人の心の中に作られる壁です。その壁の自分側を普通、向こう側を障害と呼んでいるだけで、実際それらに違いはありません。生活する上で、困ることはたくさんあるだろうけれど、障害があるからとは考えないで、これまで家族みんなで一緒にやってきたように、これからも暮らしていってください。

社会へのお返し、願い

> 我々二人の対話を通しての共同作業が、統合失調症について、自閉症児の育児について、障害受容について、知りたいと思う人の参考になれば嬉しいですね。

　本当に、それが私の希望です。私は今、かわいい子どもたちを育てることに、幸せを感じています。幸せに暮らしている自分自身の存在が、統合失調症と共に生きられることの証明でもあります。学生時代に、思うように勉強に集中できなかった悔しさが、ずっと心残りでしたが、最近、通信制大学に入学しました。発達心理学や障害児心理学、臨床心理学などの勉強をしています。その学びを、自分のためだけでなく、社会貢献に繋がるような形にしていきたいという思いがあります。

> どのような形での活動を考えていますか？

　私には、統合失調症当事者のご家族の方や、自閉症当事者のご家族の方に伝えたい思いがたくさんあります。同じ立場だからこそわかり合える共感の場や、励まし合える応援の場を作ることが、私の夢です。そのためには、仲間の存在が欠かせません。一人で孤独な気持ちを抱えてしまわないように、ピア活動に力を入れていきたいと考えています。

> そうですね。ピア、つまり仲間の存在意義は大きくて、仲間で集まった時に、それぞれの人が一人ずつ自己開示（アンカバリー）を行うことで、その仲間に発見（ディスカバリー）がもたらされ、それにより仲間の回復（リカバリー）に繋がるというサイクルができると考えられます。

　はい、私は自分の体験を経て、障害受容のためには、自分らしくあること
を認めることだという信念に辿り着きましたが、ピアがあってのリカバリー
という考え方にも、たいへん共感を覚えていて、私の信念を反映させたピア
活動をしていきたいと考えています。具体的には、井上先生から以前伺った
ことのある、ピアメディエーションを実現できる人、ピアメディエーターに
なりたいと思っています。

　ピアメディエーションについて知るまでは、ピアカウンセラーになりたい
と考えていたのですが、現代ではカウンセラーの役割として、ただ傾聴する
だけにとどまらず、社会をも変え得るような影響力、行動力のあるカウンセ
リングが求められてきているのではないかと思います。私はピアカウンセ
ラーを超えたピアメディエーターになりたいと思うようになりました。

> これからはピアカウンセラーを超えたピアメディエーターになりたいと願う
> ようになったということでしょうか？

　その通りです。怒りや悲しみなどの感情に決着を付けなければならない時
などに、それぞれの妥協点を探すのではなく、それぞれの葛藤を超えたとこ
ろに、新たな場所に、着地をして落ち着けるような対処法を、自分でも身に
つけたいと思うと同時に、誰か似たような境遇にある人の助けにもなれたら
いいなと思うのです。私の体験や、体験から学んだことが、同じような境遇
にある方々へのエールとなれば、嬉しく思います。そして、そのようなコ
ミュニティが、時代を超えて引き継がれていくことが、私の切なる願いです。

> ピアメディエーターになりたいという夢を実現できるように、応援していま
> す。一緒に頑張っていきましょうね。

　はい、ありがとうございます。

エピローグ（終章）

　第1部から第3部までの檸檬さんとの作業を終えた時の感想は、檸檬さんがいかに「能動的語り手」であったかということです。能動的というのは、「聴き手」の問いかけに対し、その意図を的確に掴み、受け身の答え方でなく、自らが考えて問いに積極的に取り組むという姿勢です。それを共感的紐帯と呼称したいと思います。本著のエピローグ（終章）として、そうして得られた「語り手」と「聴き手」の協働のナラティブのありようについて振り返り、今後の檸檬さんのリカバリーへの道筋と将来展望について述べます。それは、井上他（2016）の「語りのちから」を感じさせるものでした。

「能動的語り手」と「聴き手」の共感的紐帯による協働のナラティブ

　「ナラティブ」という英語の表現については、「物語」、「語り」、「ストーリー」などいろいろな訳語があり、それぞれに日本語のニュアンスは異なります。そこで本著では、大治（2023）に倣って「ナラティブ」を、物語性を広く網羅する表現として用いています。総称のようなものなので、文脈によっては「物語」、「語り」、「ストーリー」のどれかの意味合いとして用いています。

　檸檬さんが持参した自伝は、いわば「自己の病いの詳しい記録」というものでした。野村（2013）は『協働するナラティブ』（第1章）において、「自分におこったこと、経験した事柄は、自分から離れた真実ではなく、むしろ内部観察に基づいた真実である」と述べられています。すなわち、檸檬さんの自伝は、統合失調症という「病気」について記述するにとどまらず、自己を内省し、家族や社会との関わりについても記述していました。大塚（2023）

は、「精神医学は、心を病む患者の身体を含めた自己、他者、さらには、自然を含んだ世界との絶えず変転していく関係を明らかにする学問であり、そこで扱う対象は、人間の病気ではなく、病める人間である」と述べています。檸檬さんの自伝は精神医学的な意義をもつといえます。ただ、檸檬さんの自伝は精神医学的に意義深いものではありますが、あくまで檸檬さん自身の世界の体験・事実をモノローグ（一人語り）したものでした。まさに、江口（2019）のいう「病いは物語である」、というものでした。

　モノローグの対義語はダイアローグ（対話）です。ダイアローグ（対話）は、自分の意見を述べつつも相手を尊重し、理解を深めながらお互いの思考や行動を変化させる創造的なコミュニケーションです。檸檬さん自身も触れているように、「自分の内省だけでは、いわゆるモノローグであり、自分を乗り越えることができない」と自覚したのでしょう。そこで、カウンセリングというダイアローグ（対話）を希望したのだと考えます。

　「対話」は、会話やディスカッションと似ていますが、意味が少し異なります。会話は自由な雰囲気ななかのお喋り、ディスカッションは自由な雰囲気というよりテーマや課題のもとに結論を導かなければいけないという緊張した雰囲気のなかで行われます。「対話」は、まずは話し手と聴き手の信頼感情が基本です。信頼関係を築く手段として「対話」が選ばれ、お互いの立場や意見の違いを理解し、ズレを前提に共感することを目的とします。会話には明確なゴールはありませんが、対話には何かしらテーマがあり、それぞれが意見を述べ互いの理解を深めることを目指します。多様な価値観を互いに認め合うことが大切なのです。

　本著では、「能動的語り手と聴き手の共感的紐帯」による対話形式で檸檬さんのライフストーリーを追いました。ただ、渡邊（2017）は「障がい児を持つ家族のライフストーリー」の研究から、父親、父方祖父母、兄など家族それぞれの視点からの語りが異なることを指摘しています。すなわち障がい児を持つ家族の対話の多重性という視点からは、檸檬さんが夫や姉、祖父母

などの家族とも対話することで自身のライフストーリーへの深い洞察につながる可能性があるのではないかと考えます。

リカバリーと共同創造

　野中（2011）は精神疾患の回復について論じ、「生物学的な意味で病や障害は感じないかもしれないが、人が生きるという実存的な意味で、自分の生活や人生を回復することができる。こういう回復をリカバリーと呼ぶ」と記しています。重ねて、「人は身体と心と社会関係を持って生きる存在である。脳を含む身体的な回復、家族や仲間との関係構築、そして自分の自尊心や人生を取り戻す過程がリカバリーである」とも記しています。このリカバリーについての説明は、檸檬さんの回復過程をそのまま表しているように思えます。第1部、第2部での檸檬さんの身体的回復が家族との関係構築のなかで進んでいったことと、第3部で自分自身の人生をとらえ直し、新たな生きる意味を得ていったプロセスがまさにリカバリーへの過程であったこととを実感します。

　小平・いとう（2017）は、精神障害者がリカバリーする過程で、仲間などの信頼関係（ピア）に支えられた場で自己開示（Uncovery）と発見（Discovery）と回復（Recovery）の循環が行われていることを指摘しています。この知見について、対話を通して伝えたところ檸檬さんは、自分の今後の更なるリカバリーにとって大事な視点であることを深く理解したようです。自らそういう「ピアの場」において、「何か役に立ちたい」という希望をもつようになりました。

　「何か役に立ちたい」という希望は、同じ悩みを持つ人たちのピアカウンセラーになることを願うようになり、やがては傾聴するだけに留まらず、より社会に働きかけることができるような「ピアメディエーション」を行う人になりたいという目標につながりました。そして最終的には、「ピアメディ

エーター」という具体的に果たしたい役割イメージを言語化するに至りました。これは、木戸（2023）の『クライエントとともに創るコプロダクション型精神看護過程』で紹介している「共同創造」のプロセスであったといえます。

　やまだ（2021）は、『ナラティヴ研究：語りの共同生成』において、「ナラティヴ（もの語り）は人と人との共同生成によって生まれる」と述べています。檸檬さんは「自らの人生のもの語り」の最後に、「これからは社会へ恩返ししたい」という願いを語りました。檸檬さんの長い奮闘の日々を共に振り返った「協働のナラティブ」のエンディングの願望として、深く心に響きました。それは、アドラー（1932/1984）の「他者への貢献こそ人生の意味である」という言葉を思い起こさせるものだったからです。

文　献

アドラー，A.（1932）*What Life Should Mean to You*　高尾利数（訳）（1984）人生の意味の心理学　春秋社

ボイル，M. & ジョンソン，L.（2020）*A straight talking introduction to the power threat meaning framework: An alternative to psychiatric diagnosis*　石原孝二・白木孝二・辻井弘美（訳）（2023）精神科診断に代わるアプローチPTMF　北大路書房

D'Andrea, M., & Daniels, J.（2001）"RESPECTFUL counseling: An integrative multidimentional model for counselor". In D. B. Pope-Davis & H. L. K. Coleman （Eds.）, *The Intersection of Race, Class, and Gender in Multicultural Counseling* （pp. 417-466）. Thousand Oaks, CA: Sage.

江口重幸（2019）病いは物語である：文化精神医学という問い　金剛出版

濱田秀伯（2009）精神症候学　第2版　弘文堂

濱田秀伯（2011）精神医学エッセンス　第2版　弘文堂

原田満里子・能智正博（2012）二重のライフストーリーを生きる：障がい者のきょうだいの語り合いからみえるもの　質的心理学研究, 11, 26-44.

ヘッセ，H.（1927）*Der Steppenwolf*　高橋健二（訳）（1971）荒野のおおかみ　新潮社

井上孝代（2001）留学生の異文化間心理学：文化受容と援助の視点から　玉川大学出版部

井上孝代（編）（2004）共感性を育てるカウンセリング（マクロ・カウンセリング実践シリーズ1）　川島書店

井上孝代（2005）あの人と和解する：仲直りの心理学　集英社新書

井上孝代（編）（2013）臨床心理士・カウンセラーによるアドボカシー　風間書房

井上孝代・いとうたけひこ・福本敬子・エイタン・オレン（編）（2016）トラウマケアとPTSD予防のためのグループ表現セラピーと語りのちから　風間書房

木戸芳史（編）（2023）クライエントとともに創るコプロダクション型精神看護過程　中央法規出版

小平朋江・いとうたけひこ（2017）浦河べてるの家の当事者研究の語りとリカバリー：テキストマイニング分析　心理科学, 38(1), 55-62.

厚生労働省（2016）「平成28年生活のしづらさなどに関する調査」

レイン, R. D.（1960）*The Divided Self* 阪本健二・志貴春彦・笠原　嘉（訳）
　　（1971）ひき裂かれた自己　みすず書房

マディガン, S.（2010）*Narrative Therapy* 児島達美・国重浩一・バーナード紫・坂
　　本真佐哉（監訳）（2015）ナラティヴ・セラピストになる：人生の物語を語る権
　　利をもつのは誰か？　北大路書房

松永正訓（2023）発達障害に生まれて：自閉症児と母の17年　中公文庫

宮本忠雄（1977）精神分裂病の世界　紀伊國屋書店

宮本有紀（2021）共同創造のうまれる場：共同創造を目指して　日本精神保健看護学
　　会誌, 30(2), 76-81.

南野奈津子（2022）女性移住者の生活困難と多文化ソーシャルワーク：母国と日本を
　　往還するライフストーリー　明石書店

モンク, G., ウィンズレイド, J., クロケット, C., & エプストン, D.（1997）*Narrative
　　therapy in practice: The archaeology of hope* 国重浩一・バーナード紫（訳）
　　（2005）ナラティヴ・アプローチの理論から実践まで　北大路書房

中井久夫（1998）最終講義：分裂病私見　みすず書房

中西善信・江夏幾多郎（2020）越境研究の現状と展望　経営行動科学, 32(1-2), 1-
　　10.

西村　顕・本田秀夫（2016）知的障害・発達障害のある子どもの住まいの工夫ガイド
　　ブック：危ない！困った！を安全・安心に　中央法規出版

野中　猛（2011）図説 医療保健福祉のキーワード「リカバリー」　中央法規出版

野村直樹（2013）協働するナラティブ　遠見書房

大治朋子（2023）人を動かすナラティブ：なぜあの「語り」に惑わされるのか　毎日
　　新聞出版

大塚公一郎（2023）病いのレジリアンス：ナラティヴにおける虚偽主題　金剛出版

桜井　厚（2002）インタビューの社会学：ライフストーリーの聞き方　せりか書房

桜井　厚（2005）境界文化のライフストーリー　せりか書房

桜井　厚・石川良子（2015）ライフストーリー研究に何ができるか：対話的構築主義
　　の批判的継承　新曜社

佐々木正美（監修）（2011）発達障害のある子が楽しめる　あんしんあそび　すばる
　　舎

サルトル, J-P.（1938）*La Nausée* 白井浩司（訳）（1951）嘔吐　人文書院

サドナウ, D.（1967）*Passing on* 岩田啓靖・山田富秋・志村哲郎（訳）（1992）病

　　院でつくられる死：「死」と「死につつあること」の社会学　せりか書房

鈴木　満（2023a）海外生活ストレス症候群：アフターコロナ時代の処方箋　弘文堂

鈴木　満（2023b）巻頭言　パンデミックがもたらした「新しい越境」の行方　多文
　　化間精神医学会　こころと文化, 22(1), 1.

高橋みかわ（2011）重い自閉症のサポートブック　ぶどう社

高村光太郎（1914）道程　抒情詩社

田口ランディ（2001）コンセント　幻冬舎

戸部けいこ（2001）光とともに…（1〜5巻）　秋田書店

渡邊文春（2017）ライフストーリー研究法の臨床社会学的意義：対話の多重性からの
　　考察　パブフル

やまだようこ（2021）ナラティヴ研究：語りの共同生成　やまだようこ著作集 第5
　　巻　新曜社

全日本手をつなぐ育成会（編）（1995）障害の重い人の暮らし　中央法規出版

あ と が き

　本著は、科学研究費19K03295の助成を受けた研究成果です。『越境者のライフストーリー』（仮題）の出版を企画していた内容の一部を先に出版することになったものです。もともとの企画は、「越境者」のライフストーリーとして、（1）「文化を跨いで来日した元国費留学生のライフストーリー」、（2）「障がいからのリカバリーを願う精神障害者のライフストーリー」、（3）「親の自死というトラウマを乗り越えようとする自死遺族のライフストーリー」の3部構成の予定でした。

　科研費研究として元国費留学生へのインタビューを計画していたところ、新型コロナウイルス感染症（COVID-19）のパンデミックという事態で、なかなか対面でのインタビューが実施できない状況が続きました。そこでZoomでのインタビューへの切り替えなどで当初の計画とはかなりの変更を余儀なくされました。力不足のため研究の遅れを生じてしまいました。

　そこで本著は、『越境者のライフストーリー』（仮題）の第2部として計画しておりました、（2）「障がいからのリカバリーを願う精神障害者のライフストーリー」を1冊の本として『重度自閉症児と共に生きる精神障害者のライフストーリー：自伝に基づく協働のナラティブ』のタイトルで刊行させていただくことになった次第です。

　思い返せば心理学の学生としてボランティアで精神科病院でサイコドラマに参加して以来、いろいろな立場で半世紀以上の長きにわたって心理臨床活動に携わらせていただきました。その間、実にいろいろな方のお話を伺うなかで、心理支援という行為がその方の特定の問題だけに関わるだけでなく、その方の継続する人生を見通して関与するという態度が必須であるとの思い

がだんだん強くなりました。

　特に、東日本大震災後の心理社会的支援の一環として、イスラエルのアートセラピストと被災者の方々のインタビュー記録を『東北の声』として後世に伝える活動を共にするなかで、それぞれの方たちの過去・現在・未来が一つのライフストーリーとして浮かび上がることに胸震えるような感慨を懐きました。まさに震災前の生活が一瞬にして破壊されてしまった、その「境界」を越えて現在と未来がある、つまりは被災者の方々は「越境者」として、その後の人生を送られるのだという実感でした。

　この実感は、かつて国費留学生カウンセラーとして、留学生たちに懐いていた実感でもありました。今回の科研費研究「元国費留学生のライフストーリー：コンフリクト転換と生涯キャリア発達の視点から」の研究においても、日本留学後の現在の生活を聴取するなかで同じく、それぞれの方の個性的なライフストーリーに触れることとなりました。

　これらの活動を通して、話者の語るライフストーリーに耳をすまし、共感し、共に新たなライフストーリーの創成に関わらせていただくという姿勢が自然に生まれてきたという気がします。

　これまで、いわゆる相談者としてお目にかかった方たちの多くは、何らかの葛藤、迷い、争い、対立、矛盾などのコンフリクトをお持ちでしたが、その根底に「境目」、「基点」を挟んでの心理的対立という共通項のようなものがあると感じました。「AであるべきなのにBである」、「Cであって欲しいのにDである」といったある「境目」、「基点」などを巡っての対立の図式を感じていたのです。

　そんな折、国際平和学者ヨハン・ガルトゥング博士からトランセンド法（超越法）をご教示いただきました。コンフリクト解決にあたって、共感的対話を通して、「win-lose」ではなく、「撤退」でもなく、「win-win」の解決点（超越点）を求めるトランセンド法の考え方を臨床場面に活用できるのではな

いかと考えました。実際に家事調停などのメディエーション技法として自分なりに活用し、『あの人と和解する：仲直りの心理学』（井上, 2005）としてまとめました。それが後の「ピアメディエーション学会」創設に関わることにつながりました。

　檸檬さんはカウンセリングを通して、折に触れて、これらの井上の臨床活動に関心を寄せていたようです。今回の協働のナラティブにおいて、最終的に檸檬さんが「ピアメディエーター」になりたい、という抱負を持つに至ったことは自然の流れだったのかもしれません。

　本著の刊行にあたっては、共著者に対しておかしいかもしれませんが、檸檬さんに心から感謝いたします。自伝を持参されたことが最大のきっかけになったからです。協働のプロセスはとても充実した時間でした。これからの檸檬さんの人生に"幸あれ！"の思いで一杯です。

2023年 12月 30日

井上　孝代

謝　　辞

　何よりも風間書房の風間敬子社長に深く感謝申し上げます。このようなユニークな企画に当初から真摯に向き合っていただいたことが本当にありがたかったです。時間が十分にない中で出版にご尽力いただいた風間書房の大高庸平氏とスタッフの皆様、原稿チェックしていただいた阿部恵子氏と、いとうたけひこ氏にも心よりお礼申し上げます。

【著者略歴】

井上　孝代（いのうえ・たかよ）
明治学院大学名誉教授。博士（教育心理学）。
臨床心理士。公認心理師。
マクロカウンセリングセンター（MCC）代表。

永濱　檸檬（ながはま・れもん）
1977年生まれ。東京都出身。2000年私立四年制大学を卒業。
現在、二児の母として幸せに暮らしている。

重度自閉症児と共に生きる精神障害者のライフストーリー
—自伝に基づく協働のナラティブ—

2024 年 2 月 29 日　初版第 1 刷発行

著　者　　井　上　孝　代
　　　　　永　濱　檸　檬

発行者　　風　間　敬　子

発行所　　株式会社　風　間　書　房
〒 101-0051　東京都千代田区神田神保町 1-34
電話 03（3291）5729　FAX 03（3291）5757
振替 00110-5-1853
印刷　平河工業社　　製本　井上製本所

©2024　T. Inoue　L. Nagahama　　　　　　　　NDC分類：140
ISBN978-4-7599-2507-4　　Printed in Japan
JCOPY〈出版者著作権管理機構 委託出版物〉
本書の無断複製は、著作権法上での例外を除き禁じられています。複製され
る場合は、そのつど事前に出版者著作権管理機構（電話 03-5244-5088、
FAX 03-5244-5089、e-mail: info@jcopy.or.jp）の許諾を得て下さい。